U0593968

[日] 川上彻也——著

王雨奇——译

ひと

こと

一言力

りょく

北京联合出版公司
Beijing United Publishing Co.,Ltd.

"一言之主"的震慑力

读完这本书，你就能掌握"一言力"。

所谓"一言力"，即"一言以蔽之的能力"。

掌握这种能力之后，它将成为你一生的武器。

在日本，"语言"自古就被视为某种特殊的东西。

"借言表事"，一句"吉言"会带来"吉报"，而一句"恶语"就会引发"厄运"。

日本人相信，语言中寄宿着神灵的力量，并称之为"言灵"。

《古事记》[1]中就记载了一位执掌"言灵"的神明。

1　《古事记》：日本最古老的历史书。

这位神明就是"一言主"。

一言主是一位"仅用'一言'即可描述世间吉凶"的神明。

据《古事记》记载,雄略天皇在前往大和葛城山狩猎的时候,偶遇一言主大神。

当天皇一行发现对面山脊上有一队穿着打扮与自己相仿的行人时,便上前询问对方姓名。对方这样答道:

"吾虽恶事而一言,虽善事而一言,言离之神,葛城之一言主大神也。"(我是不论好事坏事都一言以蔽之的神明,是葛城的一言主大神。)

天皇备感惶恐,遂向一言主大神献上弓箭和随行百官所着衣物。一言主大神收下了这些祭品,并目送天皇一行离开。

虽然在《古事记》中,一言主大神只出现过这一次,却展现出了强大的震慑力,也给读者留下了深刻的印象。

这是为什么呢?

所谓"一言以蔽之",即只说真正重要的部分。

去掉一切浮夸无用的辞藻堆砌，将所想所欲之言精炼成"一言"，便能抓住"事物的本质"。

也正因为如此，能够用"一言"去描述世间万物（也就是能够看穿本质）的一言主大神，一出场便十分具有冲击性。想必雄略天皇也是在这种威慑下才对一言主大神另眼相待，诚心诚意地跪拜在神明脚下的吧。

本书将一言主大神这种"万物本质以一言蔽之"的能力称为"一言力"。

"一言蔽之"这四个字也可以换成"一语中的""直击重点""干净利落""点睛妙语""一针见血"等说法。

各位，你们想不想拥有这样的"一言力"呢？

对别人的长篇大论心生厌烦了吗？

只要掌握了"一言力"，就能够在社交生活中给周围人留下强烈的印象。

如果仅用"一言"就能精确把握事物本质的话，你就会给他人留下"思维敏捷"的好印象。

请各位回想一下自己工作时的情景。

当你听着新员工在会议上喋喋不休、唠唠叨叨地谈个不停的时候，有没有一种欲望想要质问他"你到底想说什么"呢？

当你看着部下交上来的冗词赘句，却始终找不到重点的时候，会不会心生烦躁呢？

话说得越多，文章写得越长，就越是难以准确把握事物的本质。

可能你会觉得"这我早就知道了"。

只是，当你一边对着别人的长篇大论或连篇累牍烦躁不堪的时候，你自己可能也在不知不觉中犯了"同样的错误"哦。

或许已经有人在暗地里抱怨你说话没有重点。而你之所以还蒙在鼓里，不过是因为你比他们年纪大、地位高罢了。

如果你还是个新职员，如果你还在努力寻求出人头地的机会，那么"简短有力的表达"就更显得重要了。尽早掌握"一言力"，就能让你的工作大有起色。

在信息大爆炸的现代社会，"一言力"的重要性已经在越来越多的方面得到体现。

本书将"一言力"分为以下七种能力，篇幅虽短，却内容丰富。看完本书，你就会明白，怎样才能做到"万物本质以一言蔽之"。

·1·概括力 ›› 简短概括信息或想法的能力。

·2·断言力 ›› 敢于冒险提出断言的能力。

·3·提问力 ›› 抓住对方兴趣点提出设问的能力。

·4·短答力 ›› 简短、准确回答提问的能力。

·5·命名力 ›› 起一个简短、简单、直接的名字的能力。

·6·比喻力 ›› 瞬间说出让人叫绝的比喻的能力。

·7·口号力 ›› 提出打动人心的宣传语的能力。

以上七项都是用"一言"去表达万物本质时必不可少的能力。

通过灵活运用这些能力，你就能够掌握"一言力"。

为了让大家能够更好地理解，我们来看看现实生活中的例子吧。

"一言力"让你彻底扭转局势

当你处在劣势的时候，正是你需要"一言力"的时候。

1984 年的美国总统选举。寻求连任的共和党领袖罗纳德·里根总统受到了来自民主党候选人沃尔特·蒙代尔的挑战。当时的里根总统已经 73 岁高龄了。而蒙代尔却只有 56 岁，可谓是正值壮年。在大选前的媒体报道和民意调查中，都有大批民众对里根总统的高龄表示担心。

事情发生在两人参加电视直播辩论的时候。主持人抛出了里根已非壮年的话题，并举例表示在古巴导弹危机的时候，时任总统肯尼迪为了解决危机，曾经一连数日不眠不休。随后，主持人质问道："已经是美国历史上最年长总统的你还能保持这种体力吗？”

年龄对于里根来说是最不愿意被人抓住的弱点。显然，这是个很尖锐的问题。

但是，他却一脸云淡风轻的表情，只用短短几句话就扭转了自己的不利局面。

他是这样说的：

"希望你能明白，我不希望在这场选举中把年龄变成争论的焦点。换句话说，我并不打算让大家把注意力都集中到对方候选人(蒙代尔)是多么年轻和稚嫩这一点上来。"

如此完美的反击在现场引起了哄堂大笑。就连提出质疑的主持人和身为对手的蒙代尔都不禁笑了出来。从那以后，再没有人提起里根的年龄问题，而里根也在选举中以压倒性优势获得胜利。

里根后来回忆道："可以说正是这短短的两句话，才让我稳操胜券。"

这种能力在一言力中被称为"短答力"。

因为"一言力"而成为世人关注的焦点

在体育界，也有很多选手拥有强大的"一言力"，给人们留下了深刻的印象。

例如，在日本职业棒球界，不论是作为选手还是作为总教练都成绩斐然的野村克也就曾经因为"一言力"而受到许多人的关注。

他所拥有的"一言力"并不是天生的才能，而是很早以前就有所准备，不断打磨出来的能力。

在野村克也的球员时代，当他成为棒球史上第二位击出 600 支全垒打击球员的时候，他说了这样一句有名的话：

如果说王贞治和长岛茂雄是盛开在太阳下的向日葵，那我就是悄悄绽放在夜幕中的月见草。

其实，这句话是早在采访前几个月就准备好的。

当时，由于野村所属的太平洋联盟[1]人气惨淡，所以这句感言如果不能给人留下深刻印象，是不会有新闻媒体对他进行报道的。考虑到这种情况，野村从很早以前就开始组织自己的感言。在读到太宰治《富岳百景》中的一节时，他看到这样一句话："月见草与富士山十分相称。"受其启发，野村想出了那句名言，然后在最合适的时机把它说了出来。

这是"一言力"之中的"比喻力"。

在那之后，野村本人的发言或是源自野村发言的词语开始流行起来。例如在他身为现役球员时代的"将一生奉献给捕手"，作为球赛解说员时代的"野村观测器"等。成为总教练之后，他又催生了"ID棒球""野村重生工厂"等多个流行语（这叫"命名力"）。在他以总教练的身份执掌东北乐天金鹰球队的那段时期，比赛结束后的赛后访谈一定会出现在体育新闻上。

1　太平洋联盟：日本职业棒球联盟之一，目前有北海道日本火腿斗士队、东北乐天金鹰队、埼玉西武狮队、千叶罗德海洋队、欧力士野牛队、福冈软银鹰队等六支球队。

据说，这些名言并不全是他当场想出来的，其中有很多是野村在日常生活中通过大量阅读积累下来的句子。

上文中提到的里根总统，看上去好像也是临场即兴发挥给出了那样一个回答。实际上却很有可能是因为料到必然会有人抛出这个问题，故而做好了万全准备，提前想好该如何反击。

常言道"台上一分钟，台下十年功"。通过上面的例子我们可以知道，想要提高自己的"一言力"，日常生活中的点滴努力和精心准备都是必不可少的。当然了，或许也有人就是有这种天赋，随口一句即是生花妙语。但更多的人想必并非如此吧。说起来，如果真是那样的天赋异禀，也就不会特意买下这本书了。

那么，要进行什么样的训练才能掌握"一言力"呢？对此，本书也会有详细的介绍。

广告人的工作不仅是写广告

我是一名广告人。

各位对于广告人这份工作是怎么看的呢？

大多数人都会觉得我的工作就是撰写"广告词"吧。简单来说，就是"用简短精炼的一句话来描述商品和公司优点的工作"。

但是我认为，广告人的工作并不仅仅是撰写广告词。

或者说，在撰写广告词以外的领域反而更能让我大显身手。

因为在广告圈以外的领域，也是需要借鉴广告文案的撰写方法的。

比如说，有时候会有公司要求我为他们想一个与"公司经营"有关的词语。

除了经营理念和企业标语这些常见的委托以外，我还需要考虑经营者在不同情况下应该说什么话。这种时候，会由我来为他们撰写发言稿。

地方自治体和工商团体有时也会要求我来帮他们策划一个可以推动地区发展的方案。

因为以什么样的词句作为口号，从什么样的角度去发掘自己的特长，这些都将大大影响人们对该企业或该地区的关注度。

今后，我希望能够从事与解决社会问题相关的"语言开发"活动。

综上所述，我认为广告人的业务范围今后将会继续扩大。虽然领域不同，但大家所追求的到头来都是要"简短精炼地描述优点"。

可以说，这是最需要"一言力"的一份职业了吧。

我在做广告人的过程中，对于如何更好地提高和使用"一言力"有了一些自己的看法和理解。希望能够通过这本书，用通俗易懂的话语与大家分享我的这些心得。

"一言力"应对各种情况都必不可少

"一言力"在各种场合都十分重要。

最容易理解的就是在商业领域的运用了吧。

不论是会议发言，还是起草商务文书，都需要我们"用简短有力的话语去描述事物的本质"。

在开发新商品或起草新内容的时候，能否用一句话去描述这项策划将起着决定性的作用。大多数热卖商品都能用一句话概括其卖点。即便是一部投资数十亿的好莱坞电影，在最初策划阶段，能否用一句话表达其中心思想也会影响到初期的融资。

对于商人来说，有没有"一言力"会决定他的工作能不能做好。

在公司经营方面，"一言力"也是十分重要的。

经营者需要向公司内外不断展示自己的"方针""理念"。

这种方针理念究竟是**"直击重点，一针见血"**，还是

"老生常谈，陈词滥调"，不仅会大大影响外部对该公司的评价，甚至会影响到公司员工的工作积极性，进而左右公司的业绩。

即便你不是公司的经营者，只要你身居管理要职，那么"一言力"对于提高你的领导能力就是不可或缺的。能否让下属紧紧团结在你的周围，不是靠内容空洞的长篇大论，而是看你能不能只用"一言"就抓住问题的核心。

在商业领域之外，"一言力"的重要性也越发显现出来。

例如，在学术领域。在日本全国的大学和科研机构里，有很多人都在从事十分有意思的研究。

可惜的是，即便这个研究非常有意义，若不能简洁明了地去描述其研究内容和研究意义，很多人是无法理解其必要性的，结果就导致该项研究迟迟无法筹集到足够的科研经费。

在政界，"一言力"的重要性也不可小觑。

能够获得国民支持的政治家都是拥有"一言力"的政治家。

当然，这并不意味着这些政治家得民心是顺应历史潮流的。只是，不论好坏，事实就是如此而已。

虽然也曾有人批判小泉纯一郎前首相的施政方针总是只有短短的一句话，但不可否认的是，他的这种"简短有力的话语"确实打动了很多人。现在，人们之所以如此推崇田中角荣前首相，很大原因也是因为他的"话语"拥有强大的力量吧。在 2016 年 7 月举行的东京都知事[1]选举中，小池百合子就是靠着自己超群的"一言力"大获全胜。

纵观过去 10 年间的选举结果可以发现，如"邮政民营化""政权交替""安倍经济学"等，能够将"选举的主要争论点"用短短一句话去概括宣传的政党，最终都会以不可阻挡的势头获得选举的胜利。

重要的是概括表达"选举的主要争论点"。如果只会打出"反对××"的标语，就算再怎么奋战，最终也是无法夺取政权的。

1　即东京市长。

将"一言力"纳入学校教育

看了我前面的那些论述，想必会有人反对道："难道只要少说点话就能万事大吉了吗？"

我并不认为任何情况下都应该尽可能简短陈述，也不是从提高效率的角度才鼓励大家"一言以蔽之"的。

内容的重要性自不必说，我也很清楚"世界上有很多事都是没办法一言以蔽之的"，"在看似多余的话语中也会蕴含深意"。

我自己是十分信奉"无用之用"这句话的。

所谓"无用之用"，是老子和庄子所提倡的一种思想。意为"乍一看没用的东西里有着真正有用的东西"。

然而，在现在的日本，有太多的话语确实毫无价值，徒有形式。硬要加上多余的开场白或惯用句、常用的套话等，让真正重要的内容被掩埋在了层层堆叠的语句中，这样的情况我已经见过无数次了。

这就是所谓的**"语言肥胖症"**。

有必要对语言进行一次彻底的瘦身了。

"一言力"是我希望各个教育机构都能引入的一种能力评价机制。

在日本的教育界，虽然会要求你写"作文"或是"读后感""观后感"等，却完全没有一个系统的教学方法去训练学生用简短的文字抓住事物本质的能力。

年轻人之所以无法用"自己的话"去表达自己的意见，求职者的自我鉴定之所以都是千篇一律的内容，归根结底在于他们没有接受过这样的教育。

小学、初中、高中、大学，各层次的教育机构都应该积极导入与该层次学生思维水平相符合的"一言力"训练课程。

若本书能够成为提高大家对"一言力"重视度的一个契机，那我也算得偿所愿了。

让我们开始"一言力"训练之旅吧。

目 录

第三章
提问力

为什么"提问"可以直击心灵？

第四章　短答力

概 ○ ○ ○ ○

概括力

第一章

请概括大意，要求 13 字以内

结论是什么?你的结论呢?

"一言力"必备能力中,排在第一位的就是"概括力"。

所谓"概括力",即**从大量信息中提取重要的部分,并用简洁的语言对其进行概括总结**的能力。

如果不能进行概括,就无法做到"一言以蔽之"。

"概括力"为何会排在"一言力"之首也就不言自明了吧。

英国前首相丘吉尔和美国前总统里根都能把所有的提案总结成一页。

据说,软件银行集团的孙正义董事长经常挂在嘴边的一句话就是:"结论是什么? 你的结论呢?"

当下属在做报告的时候,如果不能在 10 秒内谈及重点问题，抓住他的注意力，他就不会再听下去，一句"够了"便让你走人。

苹果公司的史蒂夫·乔布斯也曾对提出好几份策划案的下属怒吼道："给我精简成一个策划案再拿过来！""给我写得简单点！"

孙正义和史蒂夫·乔布斯并不是特例。能力出众的经营者或是在世界上举足轻重的领导人通常都是十分忙碌的，很多人不会有那个耐心去听你的长篇大论，他们要的只是结论。

事务繁忙的领导者根本没时间去倾听或阅读这些细节内容。

此外，听报告的人（做决定的人）大都已经非常了解整个事件了，听着下属喋喋不休地说着那些自己已经十分清楚的内容，会心生烦躁也是理所当然的。

如果你想抓住这些人的注意力，就必须**以结论为重点进行概括总结**。

大家可以想象一下，假如你就是听报告的那个人，面对那些不知所云的长篇大论，耳边仿佛有几千只苍蝇在嗡嗡叫。这种痛苦你可以忍受吗？

这场谈话，最终结果如何？

假设客户突然要求你前去面谈。

身为上司的你却早有安排，实在脱不开身。于是你决定派一名负责该项目的部下代替你去。

等下属回来的时候，你问道："谈得怎么样？"

于是，下属这样回答道：

"铃木部长出来接待的我，然后就上次电视广告的策划方案问了很多的问题。一开始问的是什么时候能够提交策划案。他说：'你们真的在推进策划案的制订工作吗？能够保证按时提交吗？'我回答道：'我们会尽最大的努力。'第二个问题是关于这次广告要用哪位艺人。董事长的夫人好像不是很喜欢我们推荐的那位艺人，说是希望我们能够再推荐几位其他的艺人。关于这个问题，我准备跟明星经纪公司那边继续沟通一下，要求那边给我们多推荐几位艺人作为备选。第三个问题是……"

听见这样的回答，你心里是怎么想的呢？

这种完全按照时间顺序的转述，如流水账一般没有重点，迟迟听不到结论的报告应该是世界上最惹人心烦的东西了。

听到这里，想必你很想拍桌子吼一句："行了，你就说最终讨论出什么了吧！"

"关于上次的策划案，铃木部长要求我们再提供一个新的方案。原因有以下三点。一是……"

如果能有这样一位先简单概括面谈的结果，再根据具体情况选择性地进行详细解说的下属，你一定也会更欣赏这一位吧。

这是为什么呢？

原因在于，后者是先进行概括总结，一上来就让你知道结果是什么。这样一来，后面的内容就更容易展开了。

一次性分发全部资料的恶习

能够迅速领会上司和客户发言的重点并给出回应。能够简短地表达想对上司和部下说的话。

能够迅速通读会议上发下来的资料，准确把握重点。

能够对会上需要分发的资料进行概括整理。

能够给每份资料和策划案起一个贴切的标题。

这些都是对如今的商界人士来说最基本的能力。

而想要做到这些，都离不开"概括力"。

"概括力"是商务人士最基本的能力。

有了这种能力，谈话就不会偏离主题，人与人之间的交流也会变得更加顺利，进而提高工作效率。

但是，日本的商务人士却大都并不擅长这种最基本的概括总结。

我在各家企业的研修班进行演讲的时候，经常会以问听讲的员工们这样一句话作为开场。我说："谁能用一句话告诉我这家公司的特色？"每当此时，总会有人无法用"一句话"进行概括总结，而是开始滔滔不绝地去陈述说明。

除此以外，下面这种情况大家是不是也觉得非常熟悉呢？各位作为新员工参加公司举办的教育讲座，听完之后却还是一头雾水，不得要领。正发愁的时候，又听讲台上的老师说道："总之呢，我把这些资料给你们发下去，你们自己先看看。"接着手里就被塞进来一沓厚厚的资料。

　　虽然从资料分发者的角度来看，可能是觉得没有必要进行概括总结，而且这样还能防止有所遗漏。但是这么一大堆资料往往很多都是毫无意义的。听讲座的人根本搞不清楚哪些资料才是最重要的。虽然不至于一点都不看，但很少有人会全部看完。

　　作为我来说，还是希望资料分发者至少能提前将每份资料的大意和重点都明确标注出来，然后再分发下去。

谁都没教过我们"概括力"

　　之所以会有这么多日本人不擅长进行概括总结，是因为我们大部分都没有接受过对已知信息进行简短概括的训练。

　　确实，在日本初高中的语文考试里，从来没有"请阅读以下文章，并简单概括要义，限多少字以内"这种问题。

　　很多情况下，试卷上都是抽出比较重要的一句话，然后要求你加上主语，或是将字数缩减到多少字以内。

　　尤其是口头概括已知信息的训练更是很多人从来没有接触

过的。

正因为如此，我们只能自己进行训练。

在本章，我将告诉大家如何从书面和口头两方面训练自己的"概括力"。

此外，本书还将概括分成以下两个阶段：

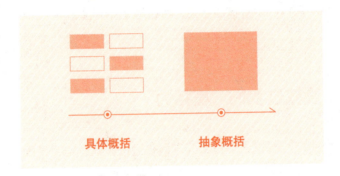

所谓概括，归根结底就是把具体事物抽象化的一个过程。

在本书中，基于这一概念，把专有名词等某种程度上还残留着一些具体性的概括称为"具体概括"。

公司的常规业务中需要的就是这种概括能力。

当概括的抽象度进一步提高，甚至升华到事物本质阶段时，我们就将这种概括称为"抽象概括"。

这种概括方法能够不拘泥于事物的外在细节，帮助你理解事物的本质。

关于抽象概括，我们后面会详细解释。

这里我们首先来讲一讲具体概括吧。

想要训练自己的"具体概括能力"，网络上有一份十分合适的教材能够告诉你怎样才能把信息概括转换成书面文字。

那就是雅虎头条。

把新闻压缩到 13 个字以内

Yahoo! 新闻（雅虎新闻）是 Yahoo! JAPAN 旗下日本最大的新闻网站。其中以单条 13 字（严格来说是加上半角字符总计 13.5 字），总计 8 条的新闻标题为中心的"雅虎头条"更是具有深远的影响力。

雅虎头条一直以一种与其他的新闻网站完全不同的思维模

式来给每条新闻加上标题。

其他新闻网站的标题总是会使用各种文案撰写方面的技巧，试图诱导用户点击。与此相对，雅虎头条则一直贯彻着自己"概括总结"的标题方针。

以我撰写本段内容时雅虎头条的标题为例来说明一下吧。

这段时间的头条新闻有以下 6 则。

> NEW 小池与增田竞选：《读卖》调查
>
> NEW 公司筹备更名：斯巴鲁的危机感
>
> NEW 警戒三大夏季病：特征和对策
>
> NEW 村田谅太：首轮TKO 获11连胜
>
> NEW 奥运乒乓球队首次乘坐商务舱
>
> NEW 尾崎丰之子：怀念父亲

每条新闻只看标题就让人有进一步阅读的欲望。

并没有使用什么优美的修辞，只是通过最小化地压缩和概括已知信息就能产生这样的魅力。

　　例如《公司筹备更名：斯巴鲁的危机感》这条新闻。这条新闻原本发表于《东洋经济》网络版，当时的标题是《"斯巴鲁"为何舍弃富士重工之名，吉永董事长口中的"目标深远"究竟是何意》，内容是对斯巴鲁公司董事长的采访。而雅虎头条则在转载的时候，给它起了一个新的标题。

　　通过对比可以看出，原标题中"为何舍弃富士重工之名"这个问句被雅虎头条改成了"公司筹备更名"，而整篇采访内容则是用了一个"危机感"去概括总结。

　　雅虎头条就是这样通过尽可能概括新闻内容，才做到了将新闻标题控制在 13 个字以内的。

通过压缩产生力量

　　为什么雅虎头条只有 13 个字呢？

　　因为人类一次能够识别的文字数量是有限的。

　　根据京都大学研究生院下田宏教授的研究成果表明，人类在不转动眼球的情况下能够一次性辨认的文字数大约为 9~13 个字。至于文字方向是从左到右还是从上到下对研究结果并没有产生影响。

电视节目中打出的字幕等文字内容基本上也都控制在 15 个字以内。一旦超过这个数字，观众就需要费点功夫才能看懂字幕内容了。

雅虎头条也是通过反复的实验论证才最终确定了最佳字数上限。

根据《如何制作雅虎头条》（奥村伦弘著，光文社新书）所记载，雅虎头条的字数一开始是限制在 11 个字以内；2001 年，因为页面改版，变成了 13.5 个字，并一直沿用至今。

此外，雅虎头条的标题还要遵循以下 3 项方针。

· 1 · ≫ 用一句话表现新闻价值。

· 2 · ≫ 简洁无误地陈述事实。

· 3 · ≫ 不添加多余的修饰语。

想要把标题控制在 13 个字以内，必然需要进行压缩提取，判断哪些才是必须呈现给读者的重要信息。在将新闻内容压缩至 13 个字的过程中，多余的信息就会被排除在外，什么才是重点也就一目了然了。这样一来，自然就能达到"①用一句话表现新闻价值"的境界。

同时，因为有了"②简洁无误地陈述事实""③不添加多余的修饰语"这两项方针，雅虎头条才会与其他新闻网站的标题有所区别，很少使用那些故意夸大其词的技巧去吸引用户点击。真正做到了概括大意，尽可能避免用户产生误解，简洁且通俗易懂地撰写新闻标题。

字数一旦变多，我们就会不自觉地添加一些不必要的修饰语或是文案撰写上的技巧性词语。正因为标题字数被限制在 13 个字以内，雅虎头条才能彻底贯彻概括文章大意的方针。

对于不擅长概括总结的人来说，雅虎头条这份教材可以说是再合适不过了。大家能不能将信息压缩到这种地步呢？

把桃太郎的故事改成雅虎头条

还记得童话故事《桃太郎》的大致情节吗？

假设桃太郎的故事真的发生过，现在要求你为雅虎头条拟一个 13 字以内的标题，你会怎么写呢？

小孩子一般都是很不擅长"概括"的。

他们更习惯按照时间顺序进行具体的描述。

比如像下面这样：

有一个老爷爷和一个老奶奶。

老爷爷去山里的时候，

老奶奶去河边洗衣服了。

然后一个大桃子就顺着河水漂了下来。

切开桃子以后，桃太郎就出现了。

按照这样的顺序来讲述整个故事。

这可称不上是概括总结。

首先，我们来简单概括一下吧。如果不考虑字数限制，大概就是下面这样的。

少年"桃太郎"诞生自老奶奶从河边捡到的桃子里。他决定帮助村民驱除那些惹是生非的恶鬼，于是便带着黍粉团子前往鬼之岛。路上又遇到了狗、猴子和野鸡的桃太郎抵达鬼之岛后打败了恶鬼，带着宝物回到了村子里。

这快有 100 字了吧。

接下来我们再删掉那些可有可无的信息和专有名词。

诞生自桃子的桃太郎和狗、猴子、野鸡一起前往鬼之岛战胜了恶鬼，带回了宝物。

已经概括得很精练了，但就这样也有 34 个字。还需要缩减到一半以下。

这样一想你就会发现，本来觉得很重要的"诞生自桃子""鬼之岛"等关键词，以及"狗""猴子""野鸡"等动物其实并不涉及故事核心，不过是一些细节而已。

再把这些省略掉，稍微变动一下，就能缩减到 13 个字以内了。

桃太郎与同伴成功击退恶鬼。

各位觉得怎么样呢？

这样一来，既可以表达新闻的核心内容，也能勾起读者的阅读兴趣吧。

大家也试着将自己每天的日常工作、需要交给上司的报告、上司和客户下达的指示等压缩成一个 13 字以内的标题，然后写入记事本或笔记本里吧。

只要这样做，你的"概括力"就能有质的飞跃。

在工作中引入"新闻提要"

当你已经习惯按照雅虎头条的方式去最大限度地压缩信息内容的时候，就可以进行下一个阶段的训练了。那就是在书面表达和口头表达两方面都要求自己用 3 句话来概括稍微具体一点的内容。

在进行该项练习的时候，你可以参考 Livedoor 新闻或者 LINE 新闻的开头会使用的"新闻提要"这种概括方法。

打开 Livedoor 新闻的首页，你会发现页面上排列着 15 个字左右的新闻标题。乍一看和雅虎头条十分相似。

例如，在我写稿子的这个时候，Livedoor 的首页上就有一条这样的标题。

没想到这个艺人居然改名了。

点进去之后会发现：

滨崎步、华原朋美……你知道这些艺人都改过名字吗？

出现在眼前的是这样一个稍微长一点的标题，标题下面还列出了名为"新闻提要"的三条内容概括。

·VenusTap 针对 500 名男女用户就"哪位艺人改名让你最惊讶"这个话题进行了调查。
·第一名是"滨崎步"，她在福冈出道时的名字是滨崎久留美。
·第二、三名分别是原名三浦彩香的华原朋美和原名海砂利水鱼的奶油浓汤 。

接着再点击"阅读新闻"，你才能看到该条新闻的全部内容是什么。

实际上，在这则新闻里刊登了改名艺人的前五名，但是对于那些不太感兴趣的用户来说，只要看看前三名是谁就足够了。

虽然不能仅凭标题就猜到新闻的全部内容，但是有了这个名为"新闻提要"的内容概括，用户即使不看新闻，也能够把握新闻的大意。

在 Livedoor 新闻的页面中，"新闻提要"这个板块的限制条件是"100 字以内，3 行左右"。这样一来，用户就不必花费大量时间去阅读，也方便网站据此判断用户对该新闻有没有兴趣。

当然了，最终的统计结果想必会十分残酷，无法吸引用户兴趣的内容是没有点击量的。但是，通过这种做法，用户接触到的新闻数量就会增加，从结果来说，是有可能提高该网站的总体阅览量的。

如果大家在拿到内容相当丰富的材料，如一份资料或者一本书的时候，都能够训练自己按照这个"新闻提要"的方式去进行概括总结，并将自己总结出来的三条内容记录下来，那么你的概括力也一定会有所提高。

如果顺利的话，就在你平时的工作文件里也加上"新闻提要"这个板块吧。

需要在会议上分发的文件和资料，如果你都能为它们加上一页名为"内容提要"的总结，就能帮助读者理解要义，也能博得大家的一致好评。

另外，在参加发布会或者商务谈判的时候，如果有上司同行，而该上司又只是走个形式，对具体的讨论内容并不了解的时候，这种做法也能发挥很大的作用。

你可以将目前的讨论经过、双方争论的焦点、己方希望强调的重点、禁忌词等，简单写在纸上，在会见客户的途中提前交给上司过目。

对于不了解经过的上司来说，这张纸称得上是救命稻草了。

如果能够自然而然地做到这些，那么你的工作能力就一定能得到上司的称赞。

请一定要试一试。

最后，如果把这一节的内容用"新闻提要"的方式表达出来的话，就是下面这样的。

·1·	››	在整体概括之后，简单用三条内容说明文章大意。
·2·	››	此时，可以参考 Livedoor 新闻网站的"新闻提要"板块。
·3·	››	在日常生活中进行"新闻提要"式的概括力训练，并将其引入工作中。

何谓抽象概括？

在商业领域，基本上用上文中提到的"具体概括"就足以应对所有的情况了。

只是，在提出新策划案或是开发新商品的时候，就需要用到我们接下来要谈的"抽象概括"了。

通过尽可能地删除具体要素来进一步把握本质内容。

于是，在提出新策划案的时候，就可以以这种抽象性概括为框架进行思考。

例如我们刚刚提到的《桃太郎》的故事，如果对它进行抽象概括的话，就会是下面这样：

少年和同伴踏上旅途，最终有所收获。

以这个抽象概括为骨架，再添上一些别的具体信息，就有可能形成一个全新的故事。

大家一眼就能看出来，漫画作品《航海王》就是在同样的框架上进行创作的吧。除了《航海王》以外，各位应该也能想到很多结构相似的漫画、电影、小说等。其中还有很多畅销作品，比如《伴我同行》这部著名电影就是同样的故事结构。

这足以说明，人们对这种剧情结构有多么热衷。也就是说，只要以这条抽象概括为基础，稍微修改一下具体的设定，就完全有可能诞生新的畅销作品。

如果再将"少年"进一步抽象化为"主角"，就能够以"少女"或者"老爷爷"为主角创作新的故事情节了吧。

这种抽象概括的能力在商品开发方面也能派上用场。

分析其他行业某畅销产品的各种要素，再进行彻底的抽象概括。然后结合本公司所在领域的具体情况进行二次创作，这样一来，就很有可能诞生一个新创意。

在 15 秒内概括谈话内容

在口头表达方面，概括力的训练方法也是一样的。

一定要记住，**先说结论**。

要时刻提醒自己，先简单概括"事件"的内容。

因为口语表达多少会比书面表达长一些，所以不能限定在
13 个字以内。

这个时候，我们就要养成一个习惯：在 15 秒之内概括
大意。

15 秒等于一个普通电视广告的长度（节目赞助商的广告有
时会有 30 秒）。

换成文字的话，大概可以说 60 个字左右。

短短的 15 秒也能表达不少内容呢。

这样简短的谈话，听话人在听的时候也不会产生压力。

在对谈中，如果对方说了很长的一段话，你就要尽可能对
它进行简短概括。

只是，如果完全照搬对方的遣词造句，听上去就只是鹦鹉

学舌，会让人对你的理解能力产生怀疑。

可以先说一句"你说的是不是这个意思呢"，再用自己的话进行概括总结。这样一来，就能给别人一种"他理解得真透彻啊"的印象。

也可以用自己熟悉的领域来比喻说明。

一开始的时候，你的概括总结可能不会那么精准。

但只要坚持用前文中提到的书面概括的训练方法进行训练，在谈话中你就能越来越准确地把握对方的思路。

如果不能认真聆听，用心理解并完整记下对方所说的话，是不可能用自己的话进行概括总结的。没有人会讨厌认真听自己说话，能够完全理解自己所要表达意思的人。

这样一来，你就更容易获得别人的好感。

日本前田径选手为末大现在作为解说员活跃在各个领域。

他总能在和其他领域的人谈起商业或学界的话题时，将对方的说话内容用"如果放在体育界的话，是不是就相当于这种情况呢"来进行概括总结。

这样一来，对方就会觉得"他真的听懂我要表达的意思了"，对为末这个人也会大加赞赏。

只是，在商业领域之外，尤其是私人谈话中，如果总是用"就是这么回事吧"来进行概括总结的话，也很有可能引起别人的不快。

尤其是女性，当自己的丈夫或伴侣等关系亲密的男性用简单的一句话去概括她的话时，常常会产生不愉快的情绪。

另外，如果对方正在生气，比如接到用户投诉这种情况，一个不过脑子的概括总结有可能是火上浇油。

不管哪种情况，都需要你小心应对。

锻炼概括力能为我们带来什么？

首先，我希望大家都能养成这种习惯。试着将自己每天的日常工作，需要交给上司的报告，上司和客户下达的指示等，压缩成一个 13 字以内的标题，然后写入记事本或笔记本里。

接着，当你拿到一份内容丰富的资料或者一本书的时候，要训练自己按照"新闻提要"的方式将其概括成 3 条内容。

当你需要提出新策划案的时候，首先试着对畅销商品的一般性特征进行抽象概括，并在这份抽象概括的基础上增添新的具体要素。

谈话的时候，将对方的话换一种方式表达，有时还可以对其进行概括总结。

只要坚持这些训练，你就能够拥有惊人的概括力。

养成这种每天概括自己工作内容的习惯之后，以下这些能力就能得到显著的提高。

- **·1·** ›› 明白工作中哪些才是最重要的。
- **·2·** ›› 明白上司和客户到底需要什么。
- **·3·** ›› 明白怎样才能更有效率地完成工作。

也就是说，培养自己的概括力，就能明白自己应该去做什么工作，也能防止自己和上司或客户之间产生不必要的纠纷。

当然了，工作效率也会显著提高。

第一章 　总 结

1

先说结论。培养自己的概括力。

概括分为"具体概括"和"抽象概括"两种。

2

书面表达方面的概括力训练，最好的参照物就是雅虎头条。

养成将客户的要求、交给上司的报告缩减到13个字以内的习惯。

3

先进行整体概括，再添加3条针对内容的简单说明。

这时候可以参照Livedoor新闻的"新闻提要"板块。

4

抽象概括在提交新策划案和开发新商品的时候非常有效。

5

养成在15秒内概括说话内容的习惯。

可以用"你说的是这个意思吗"来对别人说的话进行概括总结。

断 ○ ○ ○ ○

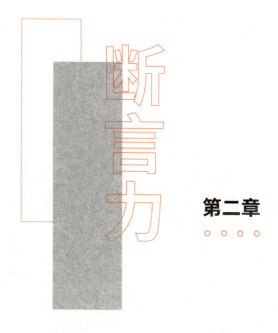

断言力

第二章

断言，会给你带来力量

耶稣基督也使用过断言力

"一言力"必备能力中，排在第二位的是"断言力"。

所谓断言，即**明确表达说话人的意思**。

通过断言，可以自然而然地产生一种力量，帮助你赢得他人的信任。

回顾历史，你会发现那些优秀的政治家、宗教家、经营家都曾经用"断言力"来统率下属，收拢人心。

例如耶稣基督。

布鲁斯·巴顿，一位广告撰稿人，后成为大型广告公司BBDO 创始人之一。1925 年，他出版了一本名为《耶稣，最

伟大的 CEO——无人知晓之人》的著作，一跃成为全美年度
畅销书之一。

巴顿认为"耶稣是一名优秀的广告人，也是一位优秀的广
告撰稿人"。在他看来，耶稣所使用的手法之一就是"压缩信息
进行断言"。

确实，通读《圣经》会发现，上面记载了很多耶稣的断言。

爱你的敌人。
人活着不仅仅是为了面包。
不求则不得。
心灵贫穷的人有福气。

这些句子简短有力，都能给人留下深刻印象。即便不是基
督徒，大家应该也都听说过吧。

因为断言，所以能赋予句子无限的力量。

你想跟随那位上司吗？

假设现在有 A、B、C 三个方案摆在你的眼前，而你必须选择一个。

你拿不定主意，决定去找上司商量一下。

这种时候，下面的哪一位上司会让你觉得值得信赖呢？

①跟你一样左右为难，无法做出抉择。
②马上判断出哪个方案更好，并解释判断依据。

我想大部分人都会觉得第二种上司更值得信任吧。

当面临多个选择的时候，有时候你的决定将大大左右事物的发展。这种时候就需要我们详细调查相关数据，小心再小心地进行模拟演算，在这个基础上做出决定。

但是，在实际工作中，也有很多时候不管你选择哪个方案，结果其实都差不多。

这种时候，身为领导者所需要的就是坚定信念，果断地选择一个方向走下去。

当然，这种抉择是伴随着责任的，也是伴随着风险的。

但这能提高团队的凝聚力，为你赢得部下的信任。

只是，当部下向你询问决策依据的时候，还是需要条理清楚地向他解释明白。

这个时候，你的决策依据究竟正不正确反倒不那么重要了。

说得直白一点，只要逻辑清晰地告诉对方一个看上去很有道理的依据就足够了。

因为有风险，建议才有意义

临床心理学家河合隼雄在《心的处方笺》（新潮文库）这本书中有过以下的描述。

棒球教练对走上打击区的击球员给出"安打"的建议虽然是100%正确的，却完全没有意义。因为他并没有承担失败的风险。

与之相对，笃信"对方投手的撒手锏是曲球，你就瞄准这个打"的这种建议或许并不是100%正确的，因为即使从数据上来看对方的撒手锏确实有可能是曲球，但也不能排除对方还留了后手的可能性。但是，如果这种猜测命中了的话，就是个非常有效的建议了。教练在提出这个建议的时候就承担了有可能猜错的风险，所以这个建议才有意义。

换句话说就是这个意思。

因为在断言的时候承担了一定的风险，这个建议才有意义。

在现实世界的棒球比赛中就发生过和这个例子非常相似的事件。

1997 年的职业棒球赛开幕战：东北养乐多燕子队对战读卖巨人队。

当时巨人队派出的首发投手是王牌投手斋藤雅树，这个人可以说是养乐多队的天敌。比赛前，养乐多队的总教练野村克也就对当年以自由球员身份离开广岛东洋鲤鱼队，转而加入养乐多队的小早川毅彦这样建议道：

"你的任务只有一个，就是在斋藤投出一好三坏[1]的时候瞄准曲球打。"

斎藤习惯在一好三坏的情况下投一个小幅偏向外角的曲球来抢一个好球。但是几乎所有的击球员都没有发现他的这个习惯。

野村建议小早川就瞄准这一球打。

小早川在自己第二次站上击球区的时候，终于等到了机会。当时的球数是一好三坏，小早川按照总教练建议的那样，瞄准了斎藤的曲球，打出了一个漂亮的全垒打。

包括这一球在内，小早川以三次出场三次全垒打的战绩击败了斎藤。打败了宿敌斎藤，养乐多队在这一年夺得了日本冠军。

野村总教练承担了一定风险的建议最终漂亮地命中了目标。

所以，身为上司在对部下提建议的时候，需要提一个会有一定风险的建议。因为这样的建议才有意义。

---

1 一好三坏：指投手投出一个好球三个坏球的情况。棒球比赛中，投手投出三个好球则击球员出局，投手投出四个坏球则保送击球员上一垒。一好三坏的时候，投手就需要保证下一球是好球。

避免暧昧不清的语气

在日本有这样一种固有看法，那就是断言未必是好事。

因为断言会让你听上去非常傲慢，或是会破坏人与人之间的和谐关系。

即便是同学之间的谈话，你也能感觉到模糊词意的暧昧表达已经越来越多了。比如下面的这几种表达方式。

1. 通过个别词语来模糊句意 ＞＞ "之类的" "基本上" "类似这种" "总觉得" "听说"

2. 通过句式结构来模糊句意 ＞＞ "感觉……" "……似的" "……吧" "或许……"

3. 给出含糊不清的评价 ＞＞ "不错" "还行" "一般"

确实，通过这种含糊不清的表达方式，我们可以在谈话过程中尽可能避免与对方产生任何冲突，这也是暧昧表达的优点之所在。不把话说死了就意味着不用承担风险和责任，确实比较轻松。

即便是在工作中，类似"我觉得……""应该是……""好像是……""是不是……啊""可能是……""如果有时间的话""尽可能"等暧昧不清的表达，使用频率也是非常高的。

比如，在要求大家踊跃表达意见的创意会议上，所有人发言时都不会一口咬定，而是喜欢留有余地。这是完全可以理解的。因为这种会议的目的就是希望大家能够和谐讨论，产生共鸣，继而催生新的创意。而且，说话的时候留有余地有时也会孕育新的想法。

但是，在正式会议、发布会、商业谈判等场合中，你就应该果断断言了。

越是使用这种暧昧不清的表达方式，你的语言就越没有力量。

不能断言就表示你对自己的发言不想承担任何责任。

让我们先养成一个习惯，丢掉那些完全没有意义的暧昧语气吧。

比如说：

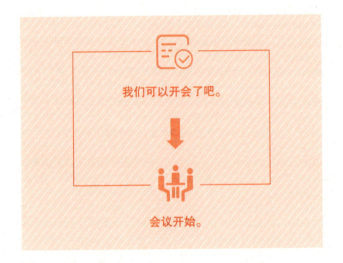

第一句里的"吧"是完全没有任何意义的。

我们不需要这种含糊不清的尾巴。

另外，在发布会或策划说明会上，"因为时间关系""可能听上去不是很容易理解"等解释其实也是在浪费时间。

留有退路的断言

有的时候，确实很难断定。

比如说，当你在发布会上发表了你的策划案之后，有人可能会问："这个策划一定能够成功吗？"

这种时候，如果你能一口断定"肯定会成功"当然是最好不过的了。只是，很多时候我们并不能保证一定成功。就算你对自己的策划拥有十二万分的信心，可最终成功与否还是要看很多其他因素的综合作用结果。

因此，如果你选择坦言"可能会成功"的话，听上去可就没什么说服力了。

这种情况下，你可以回答"我有很大的把握"，"成功的可能性很高"。既没有把话说死，也做到了断言，所以还是相当有力量的。

不要忘了，在断言之后还需要告诉别人你的依据是什么。

否则就算你做出了断言，要是说不出什么依据的话，说服力也会大大降低。

记住，断言之后，一定要告诉别人你的依据哦。

商务文书的第一行是关键

文章是一种书面表达方式，简短有力的断言则是它的基础。

要说为什么，那是因为我们在写文章的时候，总会情不自禁地添上一些解释性的语句，或是加上一些模糊语义的语气词。而之所以会这样，是由于我们都不想因为这篇文章受到批判，都希望文章中所表达的内容是尽可能正确的。这种明哲保身的想法让我们下意识地避免断言。

世界上几乎没有什么事情是我们能够 100% 断言的。越是追求正确性，就越是喜欢加上一些注释和其他的选项。

如果在这种时候，你能够勇敢地一口断定，你的文章也会因此而更有力量。

同时，断言也会给文章带来节奏感。这样的文章会更加通俗易懂，也更容易让读者领会其中的含义。

反过来说，越是追求正确性，文章就越难理解，读者也会看得一头雾水。

要是不能断言，还不如不要写这篇文章。

如果你实在是对自己的意见和知识没什么自信的话，那就不断地调查吧。直到有一天你能够充满自信地进行断言了再开始你的写作。

对于策划书、提案书等商务文书来说，第一行是最关键的。

标题、条目、名字、宣传口号等，如果不能在第一行就牢牢抓住读者眼球的话，是不可能让读者有耐心仔细阅读具体内容的。

这个时候，"断言力"就派上用场了。

如果能在第一行就做出断言，就更有可能抓住读者的眼球。

为了能做到这一点，接下来就为大家介绍几种断言的方法。

先精练再断言

培养断言力的基本方法是：精练之后再断言。

比如说，文章的开头我想写上这样一句话：

"语言或许是人们在日常生活中所养成的一种习惯。"

把这句话精练一下，再进行断言。

语言是一种习惯。

怎么样？

一下子就变得简短有力，直接勾起了读者对后续内容的兴趣。

你听过下面这句话吗？

 男人的脸是一份简历。

这是 20 世纪 60 年代流行于日本的一句话。作为二战后日本记者的先驱而为世人所知的大宅壮一在书中写下这句话，继而流传开来。

这句话源于美国第 16 任总统林肯的一段逸事。林肯曾以"不喜欢你的脸"为由拒绝了一名阁僚候选人。他身边的人反对道："怎么可以以貌取人呢？"而林肯总统则回答说："男人在过了 40 岁之后就需要对自己的脸负责。"（也有一种说法说这句话其实是别人说的，只是被套到了林肯的身上。）

大宅把这个故事进行精练，随后断言道："男人的脸是一份简历。"虽然林肯的原话也是很有冲击力的，但进一步压缩之后会显得更有力量。说个题外话，在镰仓的瑞泉寺里，有一块纪念大宅壮一的石碑，上面就刻着这句话。

演员石田纯一也曾说过一句很有名的话。

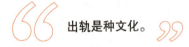

出轨是种文化。

其实，他本人并不是这么说的。

当他的出轨丑闻被曝光的时候，石田面对记者的追问给出了这样的回答：

"这种事（出轨）也曾经对文化的发展做出过贡献，也曾经孕育出优秀的音乐和文学作品。小说写得好就会得到赞扬，可是出轨这个行为本身却遭到了唾弃。我觉得这是不对的。"

媒体记者对他的回答进行了二次加工，断章取义地起了一个"出轨是种文化"的标题，这句话才流传了开来。结果，石田被世人强烈谴责，一下子失去了很多的工作机会。精练断言的力量真是叫人害怕。

而且，这种先精练再断言的方法，即使内容有些不合逻辑也没关系。

比如下面是艺术家冈本太郎在 1981 年盒式录像带的广告中喊出来的一句话，随后成为了当年的流行语。

 艺术就是爆炸！

冈本太郎原本阐述的主旨是"艺术不应该被条条框框所限制，艺术需要爆炸性的能量"。但是考虑到广告的时长，才对这句话进行了精练概括。

"艺术就是爆炸！"这句话其实是没什么理论根据的。但是这种强行精练断言所带来的力量想必大家都感受到了吧。

先预测再断言

没有任何人能够预测到未来会发生什么。

所以，如果你能够勇于承担风险，先预测再断言，那么你的话就会非常有力量。

在杂志上，我们经常可以看到对下一季度流行趋势的预测，如"这个秋天，××强势来袭"。这也是因为对未来先预测再断言，才会让人不自觉地想要相信。

前面我们已经讲过，如果断言之后能紧跟着阐述依据的话，就会更有说服力。

占卜师和灵媒师所说的话之所以那么有说服力，就是因为他们在进行预测断言。预测捉摸不透的未来，断前程定吉凶，在这个过程中甚至还会向你展示某种判断依据。

至于"某种判断依据"，说白了就是"手相""星象""塔罗""灵感""前世"等东西。一定会有人问："这种封建迷信的东西也能够成为判断依据吗？"其实，这种时候能否成为判断依据，完全取决于听话人能否接受。

还有一种是带有前提条件的预测。

比如下面这些养生保健类书籍的书名，仔细看会发现这些书名全都是在达成某个前提条件的基础上进行预测。

- 《提高体温变健康》
- 《刺激"终极穴位"变健康》
- 《不吃主食，救健康》
- 《整下巴变健康》
- 《刺激大拇指，大脑立刻返老还童！》
- 《锻炼"臀部"，一辈子行走自如！》

这种设置前提条件的预测断言法可以广泛应用于策划书或提案的标题和宣传口号中。

语带恐吓的断言

威胁恐吓这种行为，绝不是什么上档次的做法。

但是，比起将来可能"得到"的东西，人们更在意的反而是不想"失去"现在所拥有的东西。所以，当面临"失去"的威胁时，人就会一边心怀抵触，一边又忍不住十分在意。

比如在上一节中我们提到的那本题为《提高体温变健康》（斋藤真嗣著，日标出版社）的书，翻一下目录你会发现，这简直可以称为语带恐吓断言的完美范例。

目录是这样的。

- 体温下降1摄氏度,免疫力下降30%。
- 体温下降,癌细胞活力加强。
- 肌肉不用就会逐渐萎缩。
- 压力过大,细胞也会受伤。

这样一边恐吓一边断言，读者就会忍不住想知道究竟是怎么回事。

越是对"健康""金钱""年轻""工作""房屋""爱人"这种人类不想失去的东西，这种方法就越有效。

违反常识的断言

当我们听到与自己一贯认定的常识相违背的内容时，往往会在心中产生不适感。这在心理学上称为认知失调。

为了消除不适感，我们就会想进一步了解，寻找答案。

在被改编成电视剧的漫画《龙樱》（三田纪房著，讲谈社）中，这种"违反常识的断言"就曾经多次出现。

例如下面这些台词：

- 笨蛋和丑八怪都给我去东大！
- 填鸭式教育才是真正的教育。
- 报考东大的人没必要买参考书。
- 用玩游戏的心态去做题！数学就是这么简单！
- 考不到100分的全是垃圾！
- 英语这东西随便学学就行了！

读者在看见这些违背常识的台词时，就会产生认知失调，继而想要寻找答案去消除这种不适感。如此一来，漫画的阅读量就上去了。

　　说起三岛由纪夫，大家对他的印象一定是位文风冷硬的小说家吧。著名的如《金阁寺》《假面的告白》《忧国》等作品。而就是这样的三岛却也曾出版过一本名为《不道德教育讲座》的杂文集，其中洒脱畅快的文风跟他的小说完全不同。

　　想必大家从作品名就能想象到内容了，书中各个章节的标题也都与一般意义上的道德或常识相左。

　　比如下面这些标题：

- 应该打从心底里瞧不起老师
- 应该经常撒谎
- 死的时候就应该给别人制造麻烦
- 应该背叛朋友
- 应该欺负弱小
- 喝汤的时候就应该发出声音
- 应该嫁祸于人
- 应该叫人等待
- 切勿以他人为鉴
- 应该交换恋人
- 虎头蛇尾则前功尽弃

当你被标题所吸引，难以自制地读下去之后，就会恍然大悟。书中的内容虽出人意料，读来却让人心生畅快。像三岛由纪夫这样最终甚至能在道德层面说服你的高超技巧，实在让人不得不为之倾倒。

记住，断言是一种服务

前面我们已经介绍了很多种断言的技巧了。

有些人对于这种技巧可能会有所抵触。他们认为不应该夸大其词，靠一个吸引人眼球的标题来引诱读者阅读文章内容。

还有些人会觉得，比起断言，如何保证叙述的正确性才是最重要的。

大家需要记住，**断言是一种对读者的服务**。

是一种让读者拥有更轻松的阅读体验，帮助文章在读者心中留下深刻印象的服务。

请大家回想一下在本章开头我们举的那个例子。

上司在多个选项中为下属做出了一个决定。这个决定正因
为承担了一定的风险，才显得意义重大。

可以说，这是对下属的一种服务。

写文章也是一样的。

如果不敢承担风险，不敢大胆断言，就永远无法抓住读者
的心。

为什么那些日本官方文章不管读了多少遍都无法触动心灵
呢？就是因为官员们心里想的只有明哲保身，所以从不会断言。

想要掌握一言力，首先要做的就是养成断言的习惯。

第二章　**总　结**

1

所谓断言，即明确表达说话人的意思。

这样一来就会自然而然地产生一种力量，让你更容易获取他人的信任。

2

正因为领导者提出的建议承担了一定的风险，这条建议才有意义。

3

丢掉"我觉得……""应该……"等含糊不清的表达方式吧。

4

商务文书的第一行是最关键的。

可以通过"先压缩再断言""先预测再断言""语带恐吓的断言""违反常识的断言"等方法抓住读者的眼球。

5

切记，"断言是一种服务"。

问 ○ ○ ○ ○

提问力

第三章

为什么"提问"可以直击心灵？

靠完美一问大获全胜

"一言力"必备能力中，排在第三位的是"提问力"。

所谓"提问力"，即对别人**"提出问题""质问""询问"**的
能力。

"询问"和"发问"听上去非常相似，硬要说出不同的话，
"询问"是指向别人请教一个你不知道的问题，而"发问"则指
说话者抛出一个问题。

如果你能够提出一个简短有力的问题，那么你的一言一语
便会像利剑一般直刺对方内心深处。

广告的宣传语中，之所以会有那么多疑问句，就是利用了

这一点。

当双方意见对立，或是难以沟通的时候，如果能够提出一个效果显著的"问题"，就能用这短短的一句话瞬间改变他人的看法或当时的气氛。

在训练自己的"一言力"时，"提问力"就是一种非常容易被忽视，却又必不可少的能力。

1980 年的美国总统选举，罗纳德·里根向当时的美国总统吉米·卡特发起挑战。靠着电视直播辩论中的最后一次演说，里根最终以压倒性优势获得了此次总统选举的胜利。

里根向国民发出了这样的提问。

投票日是下个星期二。当大家前往投票点投票的时候，请问问自己：我们的生活质量比 4 年前有所提高吗？物资供应比 4 年前增加了吗？失业率比 4 年前降低了吗？美国得到世界各国的尊敬了吗？我们的国家安全得到保障了吗？ 4 年后的今天，我们真的变强了吗？如果面对这些问题，你的回答是肯定的，那你的选择就不言自明了。但如果你的回答是

> **否定的，如果你不希望接下来的 4 年重蹈覆辙的话，那么我想告诉你，你还可以有别的选择。** 99

里根的这段演说中，没有一个字是直接要求选民给自己投票的。

但正因为这段发人深省的提问，美国人才开始回想起卡特执政的这 4 年，回想起在这 4 年的时间里，美国的发展完全谈不上一个好字。同时，也是这段演说提醒了国民，除了卡特，他们还可以有别的选择。

在这次电视辩论之后，卡特的支持率暴跌。而里根虽然在知名度上略逊一筹，却凭借着完美的"提问力"打了场漂亮的翻身仗。

强大的"提问力"有时甚至可以改变历史呢。

世界最穷总统的问题

2016 年 4 月，乌拉圭前总统何塞·穆希卡首次访日，与之相关的书籍相继出版，掀起了一股不小的风潮。

他是作为世界最穷总统而闻名的。

在他身为总统时，曾将大部分的工资都捐给了财团和政府。没有住在总统官邸，而是住在郊外一栋朴素的房子里。个人资产只有价值约 11000 元的一辆 1987 年生产的大众甲壳虫汽车。坐飞机的时候也都是选择经济舱。

让穆希卡扬名世界的是他在 2012 年 6 月 20 日召开的"里约 +20"峰会（联合国可持续发展大会）上的一段演讲。

当时，全球各国的首脑齐聚里约峰会，围绕地球环境的未来发展问题进行了讨论。

但是，各国代表的演讲内容多是空洞的老调重弹，很难打动人心。

在这种情况下，穆希卡作为会议最后一名演讲人开始了自己的发言。只听他语调缓慢地提出了下面这些问题。

请允许我问几个问题。

如果印度每家每户所拥有的汽车数量等于德国每家每户所拥有的汽车数量，这个地球会变成什么样呢？还能剩下多少氧气供我们呼吸生存呢？

换句话说，如果所有国家的能源消费水平和浪费程度都达到了西方发达国家的水平，那么这个地球上究竟有没有足够的资源供七八十亿人使用呢？

这是有可能的吗？还是说我们需要进一步讨论呢？

为什么我们要创造出这样一个社会呢？

这种直击根源的提问震撼了在场很多人的心灵。

如果穆希卡没有提出这一连串的问题，而是选择平铺直叙的话，恐怕是没办法震撼人心的吧。

正是因为有了"提问力"，穆希卡的主张才能得到很多人的理解与赞同。

一开场就用提问抓住读者的耳朵

正如穆希卡所做的那样，在演讲和文章的一开始就提出一系列问题的话，是可以帮助你抓住读者的耳朵的。

在世界性的演讲会 TED 大会[1] 上，也有很多通过在开场时设置"妙问"的方法吸引大批听众的演讲案例。

例如西蒙·斯涅克在题为《伟大的领袖如何激励行动》的演讲中，开场就提出了这样一连串的问题。

> 在事情发展不顺利的时候，你会怎么解释呢？或者说，当其他人完成了一项颠覆常识的伟大成就时，你又会怎么解释呢？比如说，为什么苹果公司能够几十年如一日地不断创新呢？……为什么马丁·路德·金能够领导民权运动呢？……为什么莱特兄弟能够成功发明载人飞机呢？

1　TED 大会：由克里斯·安德森创办，每年春季都会邀请科学家、设计师、文学家、音乐家等各领域的杰出人物，在 TED 大会上分享他们关于科技、社会及人的思考和探索。

在这样一连串的提问之后，斯涅克紧接着说道："三年半之前，我终于发现这些成功者有一个共同的特点，我称之为黄金圈法则。"

听众一开场就被这样的提问所吸引，自然想要知道问题的答案了。

如果不设置这些提问，一上来就谈"黄金圈法则"的话，听众怕是不会这么有兴趣吧。

当然了，如果最后你给出的答案让人大失所望，那开场时的这一连串提问就会起到反效果了。

只是，如果你的发现的确是具有一定价值的，那么如何才能吸引听众的兴趣便是演讲中不可忽视的一个问题了。

大家也试着先提出个问题吧，或许就能借此抓住对方的心哦。

为什么很多书名都是疑问句？

那么，为什么"提问"可以直击心灵呢？

那是因为，人类在听到一个问题的时候，总会下意识地去寻找"答案"。

之所以会有那么多书的书名是个疑问句，就是利用了人类的这种习惯。

比如说，当你在书店看到一本书，而它写在标题里的问题正好勾起了你的兴趣，我想你一定会忍不住拿起书翻找答案的。

一旦翻看起来，最后就很有可能买下它。

自从《卖晾衣杆的小贩为何不会倒》（山田真哉著，光文社新书）于 2005 年出版后销量突破百万册以来，书店里就摆满了这种用问题做书名的书。

比如下面这些。

- 《为什么执行官要去打高尔夫？》
- 《为什么董事长的奔驰有四个门？》
- 《为什么八幡神社是日本数量最多的神社？》
- 《为什么妻子总是看丈夫不顺眼？》
- 《人都是要死的，为什么还要活着？》

这些问题都有一个共同的特点，那就是"平时没有注意过，但听你这么一问还真是挺奇怪的，为什么呢"。

其中有的书只有寥寥几页提到了书名中的话题。

《卖晾衣杆的小贩为何不会倒》就是其中之一。

作为副标题的"懂点会计很有必要"才是这本书真正的内容。

如果直接使用这个副标题作为书名的话，恐怕这本书就不会销量破百万了吧？

正是因为它把焦点放在了书中话题之一的"卖晾衣杆的小贩"的销售系统上，并用一个问题作为书名，才会有后来畅销百万册的好成绩。

抽象概括面向上流人士的书籍

现在书店里还是摆满了用问题做书名的书籍。

前面我们谈到了用问句做书名的新颖独到之处，而最近出现的这些书名则是清一色地呈现出"努力目标＋问句"的二合一式的命名方法。

尤其是从 2014 年到 2015 年间，以"上流人士"为关键词，以疑问句做书名的商业丛书如雨后春笋般不断涌现。

下面这些只是冰山一角。

- 《为什么上流人士不会把"疲劳"带到第二天？》
- 《为什么上流人士日理万机也不会心力憔悴？》
- 《为什么上流人士如此注重日常状态？》
- 《为什么上流人士如此看重习惯养成？》
- 《为什么上流男士不会有啤酒肚？》
- 《为什么上流人士如此在乎说话方式？》
- 《为什么上流人士睡得这么沉？》
- 《为什么上流人士都这么看重"睡眠"？》
- 《为什么上流男士都精力旺盛？》
- 《为什么上流人士精通道歉术？》

除了"上流人士（男士）"外，还有"工作好手""世界精英"等其他类别。

我经常可以听到书店店员抱怨说"真是看够这种书名了"。尽管如此，这些书籍依旧一本又一本地被印刷出来。究其原因，还是因为它的销量确实非常可观。

从书名的角度来说已经没有新意了，所以我并不推荐。但是在做策划的时候，还是可以参考一下这种模式的。

如果把上面这些"上流人士类书籍"抽象概括一下的话，就会变成下面这样。

"为什么 ×× 会……呢？"

×× 的部分要填入的是"公司""商品""策划"等奋斗目标的特征。

比如像下面这种：

"为什么 A 公司的畅销产品是我们公司的 2 倍之多？"

这样一来就更容易分析双方的差异，也更容易看清自己应该做哪些努力。

策划书的第一行也要大胆发问

人类总喜欢在听到问题之后去寻找"答案"。

利用这种习惯，如果在策划书和发布会的一开始提出一个问题，就会事半功倍。

有一个名为《喜欢大部头吗？》的深夜教育类综艺节目从2003年开始在富士电视台播放了一年时间。这个节目主要是用身边的事例来解释哲学书这种又厚又难的书本内容，播出后收获了一众狂热粉丝。

这个节目的策划和编导都是著名的电视编剧小山薰堂。

《策划书的第一行是关键》（野地秩嘉著，光文社新书）里曾经提到，小山在这个节目策划书的第一页，写下了这样一个发人深省的问题。

 你连克尔凯郭尔的书都没看过吗？

如此具有震撼力的提问让在场的节目制片人和节目编导都哑口无言。然后，也不知道是谁首先表示的赞同，这份策划案最终获得了采纳。

像这样在策划书和发布会的一开始设置一个有效的问题，就能一下子抓住听众的心，也能提高听众对你所说内容的接受程度。

那么，怎样才能在文章的一开始就抓住读者的心呢？接下来为大家介绍各种"提问""开篇"的方法。

设置一个震撼心灵的问题

首先，效果最显著的就是设置一个震撼对方心灵的问题。

在广告设计方面，有好几个通过震撼消费者的心灵而获得关注的著名案例。

2016 年 8 月，涩谷 PARCO 百货因为大楼装修，宣布停业三年。而在 20 世纪 80 年代，PARCO 就为我们带来了不少具有震撼力的广告。

1985 年 PARCO 的广告中有这样一个问题。

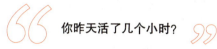

你昨天活了几个小时？

冷不丁听到这样一个问题，大家可能都会思考一下"说真的，我到底活了几个小时"吧。当时这个广告的创作者是仲畑贵志。

1989 年，伊势丹的广告中问了这样一句话。

你的爱情休息多少年了？

这对很多人来说都是直击心灵深处的一个问题吧。

一般情况下，大家都会问"你谈恋爱了吗"。但换成"休息多少年了"却会立刻高出一筹。这个广告的创作者是真木准。

这句广告语后来还成了电视剧的剧名。

1992 年，松下电工（现松下电器）的美容家电广告中，问了这样一句话。

你喜欢漂亮的姐姐吗？

明明是面向女性用户的产品，广告却是针对男性用户。这实在是个非常有创意的想法。这个广告的创作者是一仓宏。

在杂志特辑的标题里，我们也经常能看见这种直击心灵的问题。

下面的这些问句都是杂志（《AERA》《PRESIDENT》）特辑的标题。

- 你还在投资学历吗？
- 你能够辞掉工作吗？
- 为什么夫妻会相互憎恨？
- 讨厌的人为什么讨厌？

每个都是会给心灵带来一丝震动的问题，让你不自觉地想继续看下去。

当你在写策划案或者准备发布会的时候，请一定要试着加入这种直击心灵的问题。如果问题问得好，对方就会打起十二分精神去阅读或聆听。

语气亲密的问题

在提问的时候使用一种非常亲密的语气拉近双方关系也不失为一个好办法。

这个办法的关键之处就在于要让对方不自觉地点头称是。

假设你是一位面向 40-50 岁男性用户的商业杂志编辑，正在考虑出一个特辑，标题该怎么写才能吸引读者的阅读兴趣呢？

试着想一个会让那个年纪的人下意识回答"是"的一个问题吧。

例如下面这种：

> •《工作时遇到这种属下是不是很让人头疼？》
>
> •《腹部的脂肪是不是很让你在意？》
>
> •《最近，体力是不是有点下降了？》
>
> •《老家的父母离自己那么远，是不是有点担心？》

到了这个年纪，恐怕很多人看见这几个问题都会回答"确实头疼""是很在意""有点下降""确实担心"吧。

如果这个问题能让对方下意识地给出肯定回答，就会让人感觉到"这篇特辑简直是为我量身打造的啊"。

这样一来，读者自然会仔细阅读其中的内容了。

放在一开始的这个问题，越是涉及对方烦恼或关注的问题，效果就越显著。

在你写策划书或准备发布会的时候，也试着加入这样一个语气亲密、让人忍不住在心底连连点头的问题吧。如果能用这种方法提起对方的兴趣，后面的内容就不愁没人听了。

锁定目标再提建议

还有一种建议式的提问法。

这种时候，要先锁定目标，引起对方的关注，再提出你的建议。这样就会收效显著。

因为这会让对方觉得"这是和自己密切相关的"。

锁定目标的方式大致有以下三种：

·1·通过属性来锁定。 ›› 通过"性别""年龄""职业""居住地""从属地""所有物""身体特征"来锁定目标。

·2·通过内在要素来锁定。›› 通过"烦恼""价值观""愿望""思想"等因素来锁定目标。

·3·通过行动要素来锁定。›› 通过"用途""使用目的"等因素来锁定目标。

用这些因素锁定目标并引起对方的注意之后，再提出一个激励其行动的建议。如此一来，对方接受这项建议的可能性就会大大提高。

接下来，让我们给健身馆想一句广告语吧。

①通过属性来锁定。

50岁以上住在品川区的女性注意了，特大喜讯。

②通过内在要素来锁定。

最近是不是觉得身体有些僵硬呢？快看这里。

③通过行动要素来锁定。

下班之后，是不是想去健身又不想提着公文包呢，解决办法在这里。

像这样，首先锁定目标用户群，引起这些人的注意，再用"想不想培养运动的习惯""要不要来健身馆练一练"等问句激励对方马上行动起来，广告的宣传效果就会更加明显。

是什么样的问题普及了染发？

还有一种方法就是通过猜谜式的问题来吸引对方的注意力。

20世纪50年代后半期的美国，化妆品公司伊卡璐发售了全美首个家用染发剂"Miss Clairol"。

在当时的美国，人们总是习惯性地把那些头发染成金色的女孩看作艳舞女郎或应召女郎。也正因为如此，染发在当时的美国还不是十分普及。

作为女性广告人先驱的雪莉·波力考夫希望通过这个商品的广告改变人们对"染发"的固有看法。

于是，她启用了面容秀丽、体态健康的模特，将其设定为有孩子的家庭主妇，随后设计了二选一猜谜式的广告语。

> **她……染了？没染？**
> Does she…or doesn't she？

这句话的意思就是："这位模特的头发究竟是染过了呢，还是没染过呢？"

这样一问，人们就会提起兴趣，想知道她究竟染没染。

而在这句广告语的下面写的则是："因为这个颜色太自然了，所以只有她的专属美发师才知道答案。"这样一个回答则让问题更显得扑朔迷离了。

这个广告投放之后非常成功，波力考夫也一跃成为著名广告人。

而以这个广告为契机，美国女性也逐渐养成了染发的习惯。

为什么"提问力"变得越来越重要

本章为大家介绍了很多提问的技巧。

虽然这样说可能会让你觉得前后矛盾，但提问的本质其实并不在于技巧。

所谓"提问力"，换句话说就是"创造问题"的能力。

如今的日本，大家更重视的是"解决问题的能力"。

学生时代是如此，进入社会以后更是如此。

但是如果只能做到解决问题的话，你的事业或许可以发展到一定程度，但想必不会有什么划时代的大成果。

更不要说等到以后 AI（人工智能）越来越普及，解决问题的能力可能就会变得没什么意义了。

到那个时候，需要的就是"能不能提出一个好问题"的"提问力"了。

美国记者沃伦·贝格尔在他的著作《绝佳提问》中，把好的问题（既富有野心又十分实际的问题，可以成为改变思考方向契机的问题）称为"A Beautiful Question"（美丽的问题）。

接下来为大家介绍一个这本书中所记载的"美丽问题"。

曾在 1965 年担任佛罗里达大学美式橄榄球队"Florida Gators"教练的德维恩·道格拉斯就有过这样一个疑问："为什么选手们在比赛结束后，都不怎么去厕所呢？"因为在比赛中，选手需要补充大量的水分，一般来说，"比赛结束之后，大家应该同时冲向厕所才对啊"。道格拉斯为了解开这个谜底，委托佛罗里达大学的医学生理学家罗伯特·凯德教授进行调查。结果表明，选手们之所以不去上厕所，是因为他们流的汗比他们补充进身体里的水分还要多。除此以外，凯德教授还发现，在流汗的时候，人体还会丧失大量的电解质。于是，凯德教授便开发了可以补充电解质的饮料。在开始饮用这种饮料的 1967 年，Florida Gators 球队首次打进了橘子碗[1] 决赛并取得了胜利，战绩惊人。后来，这种饮料被命名为"Gatorade"（佳得乐），就是取自球队名"Gators"。佳得乐就此成为了第一种运动型饮料。如今，

1　橘子碗（Orange Bowl）：美国大学生美式橄榄球球赛之一。一般于每年 1 月 1 日在佛罗里达州举办。

佳得乐依然是占世界市场份额第一的运动型饮料品牌。

　　一个"问题"创造了巨大的市场。

　　因此，"在对事物有一个大致了解的基础上，不被其表面现象所蒙蔽，准确把握其本质"是非常重要的。

　　在学习上，在工作中，"提问力"已经变得越来越重要了。

　　希望各位也能在每天的工作中养成"提出问题的习惯"。

第三章　**总　结**

1

当双方意见对立，或是难以沟通的时候，如果能够提出一个效果显著的"问题"，就能用这短短的一句话改变他人的看法或当时的气氛。

2

在策划书和发布会的一开始设置一个问题，就能一下子抓住听众的心。

3

很多书的名字都是疑问句。这是因为"人类在听到一个问题的时候，总会下意识地去寻找答案"。

4

在文章开头设置问题也能吸引读者的阅读兴趣。
问题设置的方法有很多，如"直击心灵的问题""语气亲密的问题""锁定目标""设置二选一式的问题"等。

5

随着时代的发展，比起"解决问题的能力"，"提出问题的能力"会更加重要。

短答力

第四章

迅速给出一个干净利落的回答

最依赖即兴发挥的一句话

"一言力"必备能力中，排在第四位的是"短答力"。

所谓"短答力"，就是指在听到对方的问题时，能够简短却准确地进行回答的能力，或是在对方询问你的意见或感想时，能够给出恰当评价的能力。

换句话说，我们也可以将这种能力称为"回答力"。

这是在一言力中最依赖即兴发挥的一种能力。

越是处在劣势，就越需要用一句话来扭转颓势。

而在政治家里，有的人会因为一句评论大获人心，有的人却因为一句评论骤然失势。

外国的那些政治家们经常会因为一句妙语点评而博得大家的关注。

美国前总统里根就非常擅长进行巧妙且机智的点评。本书"前言"部分提到的他在美国总统大选中决定胜负的一次完美反击就是这种"短答力"的优秀范例。

奥运会上那位选手的名言

"回答力"对运动员来说也是很重要的。

尤其是在四年一次的奥运会上，每场比赛结束后的选手采访环节更是会引起多方关注。

有些选手因为勇夺金牌，自然是脸上洋溢着喜悦；但也有些选手是强忍败北的不甘在回答记者的提问。在那些给人留下深刻印象的发言中，有些即便是在几年后甚至几十年后都会让人回味无穷。

这是我这辈子最幸福的时刻了。

（岩崎恭子于 1992 年巴塞罗那奥运会，获女子 200 米蛙泳 金牌）

 我第一次想表扬一下自己。

（有森裕子于 1996 年亚特兰大奥运会，获女子马拉松铜牌）

 超痛快。

（北岛康介于 2004 年雅典奥运会，获男子 100 米蛙泳金牌）

 总不能让康介空手回去吧。

（松田丈志于 2012 年伦敦奥运会，获男子 400 米混合接力银牌）

在 2016 年 8 月举办的里约奥运会上，也出现了一些让人印象深刻的选手发言。其中我最关注的就是被称为体操"转体王子"的白井健三。

首先是他在体操男子团体赛中夺得金牌后的发言。

> **可以说这是我'一生中最紧张的一天'。但现在却变成了我'一生中最幸福的一天'。**

这句话里就采用了名为"对偶"的修辞方法，关于这种方法我们后面会详细说明。另外，先抑后扬的这种表达会让你的回答更加有力量。就好像是先蹲下去再高高跳起那样，落差加大，也更能强调后半句中的"幸福"感有多强。

另外，白井在里约奥运会跳马项目比赛中还成功挑战了"直体尤尔辛科翻转3周半"的新动作，最终夺得一枚铜牌。赛后采访中，他这样回答道：

> **我采用了全新的动作。虽然只是一个三四秒的跳跃，但却是我这一年来的努力。**

这句话中也是把三四秒的跳跃和一年来的努力进行对比，让人印象深刻。

虽然白井健三当时不足 20 岁，但在"回答力"这方面却有着非常高的造诣。

输了的时候，教练要怎么评价？

在体育界，输了比赛或是结果不如人意的时候，该如何进行评价也是十分重要的。

尤其是总教练或教练员的评价更是如此，因为这一番话将会大大影响整支队伍的士气。

如今，担任日本橄榄球顶级联盟[1]下属球队——雅马哈发动机喜悦队总教练一职的清宫克幸在 2001 年到 2006 年的五年间，曾经是早稻田大学橄榄球蹴球部的总教练。这支曾经的名门球队在清宫刚刚成为总教练的那段时间陷入了长期的低迷状态。

就在清宫出任早稻田总教练的那一年，在进行了艰苦的训

1　日本橄榄球顶级联盟（Top League）：日本职业橄榄球联盟之一，聚集了 16 支职业橄榄球顶尖强队。

练之后，队员们也都觉得自己已经变得足够强大了。当年 6 月份，早稻田大学和关东学院大学进行了一场练习赛。

关东学院大学是清宫出任总教练之后视为头号对手的球队。在上一季度的大学生锦标赛第二场比赛中，早稻田大学就以 25 比 38 输给了关东学院大学。这是一次雪耻的机会，也是清宫担任总教练之后的首场对外作战，所以吸引了很多观众前来观战。

清宫总教练在比赛前就鼓励队员们："这场比赛我们一定会赢。"队员们也都觉得："我们应该能赢下这场比赛的吧。"

然而，他们最终却以 5 比 57 的大比分惨败。这场比赛让他们看清了两支球队实力上的巨大差距。队员们都受到了很大的打击。他们开始怀疑自己所做的努力是否都是徒劳，一时间球队人心不稳，岌岌可危。

在这种情况下，清宫总教练对队员们说了下面这段话。

> 今天的结果我早就知道了。一切都如我预测的那样。……我的工作就是在秋季赛季到来之前，帮助大家赶上对方。……这下子，我们就真的站上起跑线了。

《"狂野"的复活》，清宫克幸著，讲谈社

听到清宫的这段话，队员们也开始坚定信念，眼中恢复了昔日的神采。

相信自己选择的道路，等到秋天再来一雪前耻。队员们抱着这样的念头，重新投入到紧张有序的训练之中。

结果，早稻田大学在 2003 年 1 月的大学生锦标赛决赛中以 27 比 22 击败关东学院大学，时隔 13 年终于重新夺得了锦标赛的冠军。

在最初惨败而归的时候，清宫总教练是不是真的早就预料到了呢？这个问题的答案我们无从得知。或许他心中也曾相信会有些许胜机。但他却一口咬定"自己早有预料"。也正是这句话，坚定了队员们的信念。

教练的一句点评，就是可以像这样大大改变选手们的士气。

如果你获得了芥川奖

获得大奖时的获奖感言也是大家十分关注的。

提起日本国内最受关注的奖项，文学奖项当属芥川奖[1]和直木奖[2]了吧。

获奖者不愧是小说家，在获奖记者招待会上的很多获奖感言的视角都非常独特。

接下来请允许我为大家介绍最近的获奖感言中，我个人比较关注的发言吧。

首先为大家介绍的是 2015 年 7 月份的第 153 届芥川奖。凭借《废旧建新》(文艺春秋)获奖的羽田圭介在记者招待会上回答了记者的提问。

来自 Niconico 动画网站的记者代表网站用户对他进行了提问。问题是这样的："我如今 26 岁，是个无业游民，能不能给我点建议？"对此，羽田这样回答道：

那我只能建议你去看我写的书了。我在小说里写的都是只可意会不可言传的内容。我能够直

1　芥川奖：为纪念日本文豪芥川龙之介而创立的奖项。创办于 1935 年，每年颁发两次，是面向新人作家的纯文学奖项。
2　直木奖：为纪念日本文豪直木三十五而创立的奖项。创办于 1935 年，每年颁发两次，是面向中坚作家的大众文学奖项。

> 接告诉你的话是不会写在小说里的。所以我只
> 能请你去读一读我的书。 "

他并没有说什么"我相信你，加油吧"这种一听就让人没兴趣的老套回答，而是干净利落地说"请去看我的书"。这对小说家来说是最希望说出口，却也很难说出口的一句话。这是一个非常漂亮的回答，也是一个对自己的作品充满信心的回答。

这种回答大家也可以用在自己的工作中。

比如你在发布会上遇到了一些偏离重点的问题，这时候不要正面回答，而应该巧妙地将重点拉回正题上来。

接下来为大家介绍 2016 年 1 月份的第 154 届芥川奖。获奖的是《异类婚姻谭》（讲谈社）的作者本谷有希子。

在记者招待会上，有人问道："这是你第四次提名芥川奖，第一次获奖，请谈谈你的感受。"对此，本谷有希子是这样回答的。

芥川奖啊。有时候觉得芥川奖就像是个诱饵。对我们来说，或者说对我们作家来说，芥川奖就好像在给我们撒饵料，催促我们赶快进行创

作。对我来说，想得更多的并不是拿到奖之后
要怎么样，而是如果没有这个诱饵的话，我还
能不能够专心进行创作。

这种将芥川奖称为"诱饵"的说法十分有新意，可以说是
趣味十足。

最后为大家介绍 2016 年 7 月份的第 155 届芥川奖。获奖
者是《便利店人生》（文艺春秋）的作者村田沙耶香。

在获奖后的记者招待会上，她一边在便利店打工一边写小
说的人生经历引起了媒体的关注。

记者问道："这次你获得了芥川奖，那么以后你还会在便利
店打工吗？"村田这样回答道：

 我打算跟店长商量一下……如果可以的话……

没有明说"会"还是"不会"，而是表示"跟店长商量一
下"，这样一来，就显得非常接地气了。最后那句"如果可以的
话……"也有种意犹未尽的感觉，是个完美回答的范例。

这句"跟店长商量一下"最后出现在了多家报纸和网络新

闻的报道中。

　　另外，记者还问道："在你创作这本小说的过程中，有没有什么有趣的事情呢？"对此，村田回答道：

> 便利店本来是一个我非常有感情的地方，当我从小说家的角度重新去审视它的时候，却感觉它在小说中变成了一个奇怪的地方……这让我觉得很有趣。

　　"有感情的地方"变成了"奇怪的地方"，这种对比也会给人留下深刻的印象。

　　大家也来想一想，当自己拿到某个奖项的时候，该怎么组织获奖感言呢？

　　这个奖项不一定非得是芥川奖这种大奖，公司内的小奖也可以。

　　像这样，平时就想一想该怎么回答，就能够锻炼自己的"短答力"了。

那位艺人的回答力

看电视的时候，有一些艺人的回答力总让我十分钦佩。

最近让我觉得十分经典的是 BS 日本电视台播放的《久米书店》节目中，坛蜜的回答。

《久米书店》是一档访谈类节目。两位主持人中，久米宏的身份是店长，而坛蜜则是书店店员。该节目主要邀请一些时下畅销书籍的作者来做客。有一期节目请来了市场评论家牛洼惠，讨论的是一本名为《诀别恋爱的年轻人》（发现携书出版社）的书。

在节目一开始，久米和坛蜜就简单讨论了一下这本书。

坛蜜发现书中写道"最近的年轻人去酒店约会都是 AA 制"，感到非常惊讶。久米则顺势问道："假如咱俩去酒店约会，该由谁来付钱呢？"

坛蜜没有直接回答，而是说："我觉得这是不可能的。"但是久米又道："我是说万一。"

在这种情况下，坛蜜给出了这样的回答。

 我觉得文春会付钱的。

到这个时候，久米也只能说一句"漂亮"了。

我不知道这是坛蜜的临场发挥还是现场剧本上写好的台词。

单纯就这个回答来说，称得上是转换焦点的好例子。

在当时那种情况下，不管回答谁来付钱，都会落了俗套。于是，通过回答"文春会付钱"，来调侃曾经爆出多位艺人丑闻的《周刊文春》，可谓是一个非常崭新的视角。也正是因为如此，这个回答才会让人不由得拍手叫绝。

下面再为大家介绍一次坛蜜的绝妙回答。

在"爱媛县甜品展"的活动中，坛蜜作为爱媛县生产的"红色水滴"草莓的形象大使参加了此次展览。在记者提问环节，一位记者这样问道："最近有些年轻艺人的发展势头直追坛蜜小姐，比如桥本真奈美等，您对此怎么看呢？"

可以说这是一个非常不合时宜的问题。

短暂的沉默之后，坛蜜这样回答道：

 这样公开评价其他艺人，我觉得就不水灵了。

"水灵"一词既可以形容女性，也可以形容草莓。可以说是一箭双雕，堪称绝妙。

从视角和表达方式两个角度去思考

前面为大家介绍了多位名人的精彩回答。

直觉灵敏的人想必已经察觉到了吧。

发言的趣味性可以分成两种。分别是"视角有趣"和"表达有趣"（有时是一句话中视角和表达都很有趣）。

比如前面我们提到的"我觉得文春会付钱的"，坛蜜的这个回答视角独特。

另外"我觉得就不水灵了"就是一个很有趣（因为使用的这个词跟现场的草莓也有关系）的回答。

一个人能不能讲出一个"视角有趣的回答"，很大程度上是取决于这个人的天分，所以乍一看想学会是很难的。但如果提前就准备好一个崭新的视角，那还是很有可能带来巧思妙答的。

另外，所谓"有趣的回答"其实也分很多种。如果事先对此有详细的了解，生花妙语就离你不远了。

尽管"视角"和"表达"也有很多重合的部分，但接下来我将分别为大家介绍做到"视角有趣"的五大要点和"表达有趣"的七大要素。

做到"视角有趣"的五大要点

①移情法

所谓移情法，即将回答重点转移到评论物体本身，或是与之立场相近的人和东西身上。

转移到"人"的身上相对来说比较简单。例如下面这种：

"如果我是香川先生的话，想必是没有比这更痛快的了吧。"
"如果我是宫崎先生的母亲，真的会觉得六神无主。"

接下来，让我们从"人"再进一步发散，将立场变为"动物""植物""食物"等来试一试吧。

例如要求你对"赏樱"发表看法的时候，可以像下面所说的这样从"樱花树"的角度去回答。

"从樱花树的角度来说是有点悲凉的。每年只有这十几天的时间能够得到人们的关爱,看着那些人在自己脚边肆意玩闹,而剩下的355天则假装不认识一般和自己擦肩而过。"

接着再把移情对象扩展到无生命物体上,如"商品""物体""物质"等。

例如,当发生了性质极其恶劣的环境破坏事件时,就要从地球的角度进行评论。如:

"如果我是地球,真的很想大吼一句:'你们有完没完!'"

如果你能够从这些很难让人感同身受的"物体"的角度去进行评论的话,你的评价将会十分出彩。

另外,从别人的角度去进行评价的时候,还可以考虑到不同"时代""立场""地区""国家"等因素,也可以从历史人物的角度去进行评价。

当你评价本公司一件前所未有的划时代商品时,可以说:

"要是平贺源内知道有这么一件商品的话,一定会吓死的。"

"如果我是对手A公司的营业员,一定会哭着后悔进错公司的。"

"如果法国人用了这件商品，一定会对日本人刮目相看的吧。"

如此种种。当你站在一个完全不同的角度去评价的时候，可供发挥的余地就大多了。

② "任意比较"法

所谓"任意比较"法，就是发言的时候一定要跟个什么东西进行比较。

可以和自己进行比较，也可以和别的东西进行比较，总之不管是什么东西，只要两两一比较，就好评价了。

比如把评价对象和自己进行比较。

"原来秋田先生一个月能看50本书啊。像我这种人一年只能看个5本书，真是自愧不如啊。"

跟自己进行比较的时候，原则上来说，是要贬低自己去抬高别人。

还可以和别的东西进行比较。

"虽然《新哥斯拉》的预算只有好莱坞版《哥斯拉》预算的几十分之一，但对我来说却比好莱坞版好看了几十倍。我不喜欢好莱坞版那种非要加上家人亲情的老套剧情。"

当然，没必要一心寻找两者的"不同"。也可以寻找两者之间的"相同之处"。

"石川先生和我虽然在生活环境、教育背景以及学历水平上都不一样，但在喜欢喜剧小品的这个方面，我们俩是没有区别的。"

像这样，通过比较来寻找不同之处或相似之处，你的评价就会变得更自然。

③ "消极变积极" 法

这是一种着重阐述态度变化的评价方式。

例如下面这样：

"在街上一边盯着手机一边寻找动漫角色的这个游戏，一开始我完全不能理解到底哪里好玩了。但是在跟孩子一起玩的过程中，我自己居然也慢慢喜欢上了这个游戏。现在如果我在街上找到了一个出现概率很低的角色，就会特别开心。"

"这个项目最初是因为山口部长的要求，我推辞无果，不得已才加入进来的。但是既然已经加入其中，我就想尽自己最大的努力让这个项目可以成功实施。到了现在，我发自内心地感谢当时强迫我加入这个项目的山口部长。"

像这样，通过讲述自己的态度从消极到积极的变化过程，会给你的发言注入新的活力。

④ "擅长领域比喻" 法

在需要发表看法的时候，可以先代入自己比较熟悉或擅长的领域，然后再进行评价。

上文中我们提到了前田径选手为末大在电视上发表评论的时候，常常会以"如果放在体育界"作为开头。

就像这样，如果你所熟悉的领域是其他人也比较熟悉的一个领域，那么你就可以用这个领域的现象去评价一切事物。

即便这个领域世人不是很了解，只要你自己十分熟悉，你的话就会让人下意识地想要相信。

一般认为，比喻的时候最好选择一个大家都很了解的东西。实际上也确实如此，但真正操作的时候却很难。

就算用棒球或者足球这种风靡世界的运动项目来打比方，

也还是会有人听不懂。

既然如此，干脆就用很多人都不了解，却是你非常熟悉的冷门领域来进行比喻说明吧。

如果你喜欢铁路，就用铁路。

如果你喜欢相扑，就用相扑。

如果你喜欢南方之星[1]，就用他们。

这就是强行将话题转到自己熟悉的领域再进行评价的方法。

例如下面这样。

"这次的发布会如果放在相扑领域，大概就相当于'河津落'[2]了吧。"

当然，可能会有人说"这是什么意思""听不懂"。

如果有人问了，再详细解释一下就可以了。

如果在评价任何事物的时候，都能用自己擅长的领域来举例的话，它就会成为你的个人特色。

---

1 南方之星（Southern All Stars）：日本知名乐团。1978 年出道，桑田佳佑担任主唱。

2 河津落：相扑动作之一。用左（右）脚扣住对手的右（左）脚内侧，向上跳起的同时抱住对手的头颈，将对手的身体往后摔的手法。

还有一种方法，就是用自己的学识造诣来发表评论。

假设你是一个不喝酒的人。

当别人说你"看上去很能喝"的时候，就可以用下面的知识进行回答。

"听说织田信长、西乡隆盛、北岛三郎，还有三明治人，都是看上去很能喝，其实滴酒不沾的人哦。能不能喝是没办法看出来的呢。"

这样的回答是不是莫名有说服力呢？

⑤ "流行热点"法

这种方法主要是从时下比较流行的事物或事件的角度去进行评价。

前文中提到的坛蜜说"我觉得文春会付钱的"时用的就是这种方法。

这种方法用得好的话，就能发挥很大的作用。

如果有什么流行事件的话，一定要把它记在脑子里。有需要的时候，就可以借用这个事件进行评论了。

做到"表达有趣"的七大要素

① "高低对比"法

修辞中有一种方法叫作"对比"。

"对比"也分很多种，在这里我们介绍前后之间有高低差的对比方法，称为"高低对比"法。

2013 年，星巴克咖啡馆在岛根县松江市开门营业，至此，全日本 47 个都道府县[1] 之中，只剩下鸟取县没有星巴克咖啡馆了。

当时，接受采访的鸟取县知事平井伸治在回答记者提问的时候，正是用了这种"高低对比"的表达方式，留下了一句让人津津乐道的评价。

> 鸟取县虽然没有星巴克，却有全日本第一的沙丘。

1　都道府县：属于日本一级区，相当于中国的省。日本共有 1 都（东京都），1 道（北海道），2 府（大阪府，京都府），43 县，总计 47 个都道府县。

　　说"没有星巴克¹""有沙丘"便使用了一种对比修辞手法。
同时，把"鸟取县"和"全日本"一对比，也能让人明显感觉
到两者之间的差距。

　　这就是所谓的"高低对比"法。

　　而所谓的沙丘当然指的是鸟取沙丘²了。

　　如果平井知事只说"鸟取县虽然没有星巴克咖啡馆，但我
们还有鸟取沙丘"的话，虽然表达的意思是一样的，但恐怕就
不会引起大众关注了吧。

　　正是因为他的发言采用了"高低对比"的手法，才会吸引
大家的注意力。这番"沙丘发言"在后来极大地推动了鸟取县
的经济发展。

　　2011 年，第三届 AKB48 选拔总选举上，前田敦子击败了
上年获得第一名的大岛优子，重返冠军宝座。上台之后，她说
了这样一句话：

1　日语中星巴克和沙丘的发音非常相似。
2　鸟取沙丘：位于日本鸟取县鸟取市日本海沿岸，是日本最大的沙丘。

即使大家讨厌我，也请不要讨厌AKB48。

这也是对"高低对比"法的运用。

通过上面的例子可以看出，使用这种表达技巧，你的发言就更容易给人留下深刻的印象。

②"V字回复"法

简单来说，就是先抑后扬。先进行批评，让对方心中一惊，紧接着再进行表扬。

比如说，你很喜欢新潟县的本地女子团体Negicoo。

如果有人问你"喜不喜欢Negicoo"，直接回答"喜欢"的话，反而不如下面这种回答更让人印象深刻。

"我不是'喜欢'Negicoo，是'非常喜欢'。"

再比如说，聊起某部电影的时候，比起简单说一句"很不错"，你还可以用下面这种方式来表达你的喜爱。

"《你的名字》可以说是今年最差劲的一部电影了。因为太好看所以让我看了一遍又一遍，甚至想去电影中出现的地方亲眼瞧一瞧。这简直是在占用我宝贵的时间。"

这样先进行否定性的评价再表扬称赞的方式就叫"V 字回复"法。这种方式可以让你的回答在很多评论中脱颖而出。

2016 年 8 月，里约残奥会召开前夕，报纸上刊登了日本财团残奥会支援中心的顾问松子·迪拉克斯与残奥会运动员浦田理惠、辻沙绘、别所公江三人之间的对谈。

在对谈之后，松子总结了与这三名运动员之间的谈话，他一开口就是一句不太好听的话，倒是给人留下了深刻的印象。

> 哎呀，大家都是死要面子活受罪呢(笑)。通过和她们的对话，让我再次体会到，为了夺奖牌，固执和欲望有多么重要。

在这之后，他又表达了对三位运动员的赞赏："让我开心的是，她们看上去都非常幸福。"这种在一开始居然把残奥会运动员说成"死要面子活受罪"，后面又紧跟着表示称赞的回答正是用了我所提到的"V 字回复"法。

③ "最高级"法

这是通过强调第一或者最好，来给人留下深刻印象的方法。

假设有人请你吃高级餐厅的寿司。

"谢谢你的款待。这是我迄今为止吃过的最好吃的寿司。"

如果能够给出这种评价，对方也一定会觉得"花的这些钱值了"。

"人生中最激动的时刻""今年最紧张的时刻""进入公司后最惊讶的一刻"等，强调"最"的方法有很多。

即便不用"最"这个词，也可以使用"绝美的瞬间""像梦一样美好"等短语进行描述。

例如，当你在公司里受到别人祝福的时候，就可以用下面这种回答。

"谢谢大家的祝福，这是我进公司25年来最幸福的一刻。"

这样一来，周围的人就能感受到你对他们的真挚感谢之情了。

④ "反复强调"法

按照同一种方式反复使用一个词，就能够强调你的意思，也能让你的发言更有深意。如此便可给人留下深刻的印象。

例如下面这些句子：

"我喜欢你，我喜欢你。"

"够了，够了。"

比如说，在你提出了某个策划方案之后，别人问你："这个策划方案有意义吗？"想象一下这个时候你应该怎么回答呢。

当然，最理想的方式就是用逻辑清晰的话语让对方信服。如果你只会反驳"当然有意义了"，恐怕只会让对方的态度也越来越强硬。

这种时候，可以试试下面这种回答方式。

"可以这样理解，这份策划方案'正是因为没意义才有意义'。"

至少可以避免双方陷入无谓的口头争执。

⑤ "比喻"法

正确使用"比喻"法，也可以让你的发言给人留下深刻印象。

例如在书本或广告中出现的一些推荐性文字，如果能使用巧妙的比喻，就能让人忍不住想接着往下看。

最近我个人觉得很漂亮的一个比喻是刊登在《让你看看我的毁灭》（竹宫悠由子，新潮文库 nex）广告海报上的一句话。那是来自模特兼演员的市川纱椰的点评。

> 不知不觉间，
> 我被带到了一个不得了的地方。
> 那些难以想象的故事情节，
> 让我心中刺痛。
> 仿佛被车子碾压过一般。

"仿佛被车子碾压过一般"，这是一句让人心中一惊的比喻，也是一个会让人忍不住想拿起书读一读的比喻。

关于比喻这种手法，我会在第六章"比喻力"中详细为大家介绍。

⑥ "数字"法

使用数字也可以让你的发言深入人心。

史蒂夫·乔布斯不仅是在演讲的时候，在日常生活中也很擅长使用数字。《史蒂夫·乔布斯——惊人的创新》（卡迈恩·加洛，日经 BP 社）中就记载了这样几个故事，通过这些故事我们会发现，乔布斯在日常工作中也是使用数字的一名好手。例如下面这个故事。

> 你知道会有多少人买这台电脑吗？上百万！如果我们能把开机时间缩短 5 秒会怎么样？每天节省下来的时间就是 5 乘以一百万。这已经相当于 50 个人一辈子的时间了。开机时间缩短 5 秒就能拯救 50 个人的生命啊。

（乔布斯认为苹果电脑的开机时间过长，要求工程师进行改善）

> 99 美分究竟是多大一笔钱呢？今天早上，有多少人在星巴克买了拿铁咖啡呢？一杯拿铁要 3 美元。有这笔钱就能买 3 首歌了。全世界今天一天究竟能卖出去多少杯拿铁呢？

（针对有人认为 iTunes 商店每首歌卖 99 美分太贵的问题）

虽然地价一直在飙升，但我认为这是值得的。
因为顾客来这里就不需要花费 20 多分钟了。
只要走个 20 步就行。

（解释为什么苹果专卖店要建在最繁华的
地带）

从以上案例可以看出，通过列举具体的数字，语言的说服力也在随之加强。当然，如果你仔细阅读他说的话，或许会觉得这也带有一丝诡辩的色彩。

我们再来看看在本章前半部分提到的那位口才很好的体操选手白井健三。

他的发言中也经常出现数字。

不仅是在里约奥运会举办期间，回到日本之后，他也留下了使用数字的精彩评论。

那是在 2016 年 8 月 24 日，主办方邀请在里约奥运会上夺得奖牌的运动员出席了记者招待会。在正常的答记者问环节结束之后，主持人提起今天正好是白井的 20 岁生日。在场记者要求白井谈谈当时的心情，于是白井这样回答道：

里约奥运会是我20岁之前参加的最后一场比赛，能在这场比赛中有好的结果，发挥应有的水平，我感到非常高兴。今天我就加入奔三的队伍了，希望自己在30岁生日的时候，回顾过去的10年，能够没有任何悔恨。接下来的这10年，我会继续努力的。

"20岁之前""奔三""30岁生日""10年"，可以看出白井使用了多个数字来进行回答。在这样重大的场合中即兴发表感想，白井居然还能使用这么多数字，他的"短答力"实在不可小觑。

⑦ "借用关键词"法

这是指借用当时的关键词，或是前面的人说过的话，结合现场气氛进行回答的方法。

前面我们提到坛蜜给出的一个回答："这样公开评价其他艺人，我觉得就不水灵了。"这就是借用关键词法的优秀范例。

不仅是关键词，选择一句在场众人都这么想却没有人说出来的话，也能够让大家不约而同地点头称赞，或是引起哄堂大笑。

还是学不会该怎么办

① "反问回去"法

这是用问题来回答问题的方法。

如果问题很抽象，一时难以回答的话，就可以反问对方："你说的是这个意思吗？"向对方确认他具体问的是什么，再进行回答。

② "甩给别人"法

"这个问题福岛先生比我更了解吧。"还可以像这样让其他人来回答这个问题。

③ "我不是很清楚"法

在回答的时候，先说一句"我不是很清楚"，再把自己能想到的回答说出来。在说话的过程中，大脑经常会同时进行思考，等你想明白的时候就可以说一句"我知道了"，然后进行简短的总结。

第四章　总　结

1

"短答力"是可以即兴发言的能力。
越是紧急关头，越能发挥重要的作用。

2

政治家和领导人的手腕高低，可以通过他们在危机发生时的反击看个明白。

3

有趣的发言可以分为"视角有趣"和"表达有趣"两种。

4

学会活用"移情"法、"任意比较"法、"消极变积极"法、"擅长领域比喻"法、"流行热点"法等，做"视角有趣的发言"。

学会活用"高低对比"法、"V字回复"法、"最高级"法、"反复强调"法、"比喻"法、"数字"法、"借用关键词"法等，做"有趣的发言"。

名

命名力

第五章

命名会带来新生

换个名字就能提升销售额

"一言力"必备能力中，排在第五位的就是"命名力"，即"起一个让人感兴趣的名字"的能力。

又称为"起名力""标题力""造词力"。

"名字"可以说是人和东西的一张"脸"，是个不容忽视的点。

有了一个精确的名字，就可以精准地表达需要长篇累牍去说明的内容。

在商业领域，商品名、公司或店铺的名字、部门名、团队名、菜单名、活动或项目名、策划书的标题、节目名、书名、抽象概念或社会现象等，一切都会因为一个名字而给人带来完全不同的印象。

换一个商品名，也会给销售带来极大的影响。

实际上，曾经销售低迷，却因为改了个名字就成为爆款的商品也不在少数。

例如，开创了高级保湿纸巾市场的王子妮飘公司的"鼻贵族"纸巾。

该纸巾原名"湿润纸巾"，于 1996 年开始贩卖，但是市场份额总是不见增长。

2004 年，王子妮飘公司决定更改该商品的市场定位，将它作为只用于"鼻子"的"高级纸巾"进行销售。随后向广告公司要求提供全新的命名和包装方案。

在各项方案中，有一个方案便是"鼻贵族"这个名字和印有白色软绵绵动物的包装设计。

当时，几乎公司上下所有人都反对这个乍一看有些胡闹的名字和设计，但是一位负责人却一眼就相中了它，并半强硬地采用了这个方案。

就这样，该纸巾最后以"鼻贵族"这个名字开始对外销售，并一炮而红。

此湿巾销售额增加了三成以上。曾经总徘徊在 10% 以下的市场份额也很快超过了 20%。这个品牌一举成名，甚至开发出了口罩等相关产品。此外，两盒装售价 3000 日元（约合人民币 185 元）的 3000 份限定版奢华型纸巾"超级鼻贵族"在网络发售当天便销售一空的案例也曾引起过轰动。

日本棒球界最抢手的商品是什么？

2016 年，Ichiro 因在日美两国职棒界服役期间总计击出 4257 支安打而打破吉尼斯世界纪录，随后，他又击出了个人大联盟生涯的第 3000 支安打。

他也是一个因为改名而火起来的"商品"。

Ichiro 的原名是铃木一朗。1991 年加入欧力士蓝浪队，但在头两年却一直无法成为主力球员。

1994 年，仰木彬就任球队总教练。他察觉铃木具有优秀的击球能力，便提拔他为主力并加以重用。仰木认为"铃木一朗"
这个名字过于平庸，无法吸引眼球，于是提议改用"Ichiro"。
铃木本人也同意了。

在此之前，曾有外国球员为追求名字朗朗上口而改名，但
日本球员使用片假名作为自己名字的，铃木还是有史以来的头
一个（同时，同队的佐藤和弘也将自己的名字改为"Punch"）。

改了名的铃木自赛季开幕便作为主力选手大出风头。那一
年，他成了日本职业棒球史上第一位在单赛季中击出200支安
打的人。同时获得了日本"职棒打击王"和"史上最年轻的赛
季MVP"称号，自此风光无两。

这就是日本棒球界最抢手的商品"Ichiro"的诞生。

当然，他就算不改名也很可能扬名天下。

只是，请大家想一想，如果他坚持用"铃木一朗"这个名
字的话会怎么样呢？

他还会成为这样一个家喻户晓的人物吗？他还会是这个创
下纪录，在棒球史上画下浓墨重彩的一笔的超级巨星吗？

恐怕只有老天才知道答案了。

"iPS" 细胞的 i 为什么是小写?

命名力在商业领域以外也非常重要。

在学术研究等方面,如何去命名一个成果或发现,将决定该成果或发现能否被众人所熟知,进而影响能够拿到的研究经费额度。

2012 年获得诺贝尔生理学或医学奖的京都大学教授山中伸弥,他最大的功绩便是培养了"iPS 细胞"。所谓 iPS,即诱导性多能干细胞(induced pluripotent stem cells)的英文首字母缩写。

那么,为什么第一个字母"i"要用小写呢?

山中教授在为自己发现的细胞起名时,希望能尽可能向世人广泛普及该种细胞。

此前,日本人就算发现了新的细胞和遗传因子,也总会给它们起个索然无味的名字,导致无法广泛传播。而欧美研究者随后起的名字贴切又有趣味,反倒成了它们的通用名。

于是山中教授从当时风靡全世界的苹果公司的"iPod"中

得到启发，决定将第一个字母改为小写字母。他同时也考虑到了美国的研究室中有很多人都是苹果用户这一点。

确实，如果写作"IPS 细胞"会稍显刻板。而写作"iPS 细胞"就会给人与众不同的感觉。

结果，"iPS 细胞"这个名字也受到了美国研究者们的认可，在世界上传播开来。

当然，研究成果本身才是最重要的，但若想进一步推广自己的成果，那么起个什么样的名字便显得尤为重要了。

"无支持政党"的冲击

在政治界也有一个政党因为更名而迅速获得选民支持。

那就是"无支持政党"。

2016 年 7 月的参议院选举大会上，该政党在比例区获得 64 万多张选票。虽然没能获得议席，但其跨越式发展的强劲势头却被各大媒体竞相刊载。

"无支持政党"的政策就是"没有任何政策"。

将整个法案都公布在网络上，随后发起国民投票，并根据国民投票的结果对该法案进行表决。

该党派的领导人佐野秀光是多家公司的经营者，于2009年左右踏入政界。当时的政党名叫"新党本质"，后来改为"安乐死党"。到了2013年7月又设立了"无支持政党"。

更名之前，在宣传方面，虽然详细解释的话确实有人能够理解他们的政策，但很难招揽候选人和志愿者。得票数自然也一直在原地踏步。

然而，当他们把名字改成"无支持政党"，打出"没有任何政策"的口号之后，曾经难以开展的候选人和志愿者招揽活动突然有了起色，得票数也大幅增加。

当然了，对于他们的做法也有人持批评意见，认为他们是"企图靠含糊不清的名称引起投票者的误解，并从中获利""没有任何政策是对投票者的无礼行为"等。

只是，"国民对于不同法案的态度是不一样的。如果一切都由政党去裁决的话，国民就无法通过正当途径表达自己的意见"。无支持政党的这种主张也是有一定道理的。

弱化自己的主张，完全成为投票者的发声窗口。该政党通过这种方式迅速获得选民支持的案例也能给商业领域带去一些启发吧。

从"命名力"来看，这也是个非常巧妙的命名方式。

改变名称，改变概念

有时候，换一个名称，就能极大地改变商品的价值和概念，例如"近大金枪鱼"。

位于和歌山的近畿大学水产研究所花了 32 年的时间，终于成功培育出了全人工养殖的黑金枪鱼，并给它起名为"近大金枪鱼"。

"近大毕业的鱼和纪州的馈赠 近畿大学水产研究所"（位于大阪梅田和东京银座）是一家专业制作人工养殖鱼类的餐厅，主要提供以近大金枪鱼等水产研究所养殖的鱼类为食材的菜品。开业三年以来，每天预约的人都是爆满。作为水产养殖业先驱的近畿大学考虑到以黑金枪鱼为首的天然水产资源正在逐年减少，所以才开了这样一家餐厅，主要是为了在全社会率先验证人工繁殖鱼类的营养价值。

此前，社会大众普遍认为，天然鱼类的营养价值是远远高出人工养殖鱼类的，而"近大金枪鱼"这个名称则完全颠覆了这种看法。

如果只是简单地将这种鱼命名为"人工养殖金枪鱼"，想必是无法动摇人们的固定观念的。而通过这种把"大学名称"和"鱼的名字"结合起来的全新命名方式，就可以改变人们的固有思维。

另外，把餐厅命名为人工养殖鱼专业餐厅"近畿大学水产研究所"也是改变人们固有思维的一个重点。当初，曾有很多反对意见，认为这个名字和实际存在的研究所的名字太容易混淆了，也不像个餐厅的名字。但是开张之后，这个店名所带来的巨大冲击却引发了社会的广泛关注。

而就是这所近畿大学，近来还试图通过名字改变人们对另一种食材的固定看法。

它就是鲶鱼。

你想吃哪种午餐？

请大家想象一下。

炎炎夏日，你的上司邀请你一起共进午餐。

当你正猜测上司会带你去吃什么的时候，只听上司这样说道：

"要不要去吃鲶鱼盖饭？"

你会怎么想呢？

"什么？鲶鱼？这也能吃吗？那么腥……"

你一定不太想吃了吧。

但如果他这样邀请你呢？

"我们去吃鳗鱼味的鲶鱼盖饭吧。"

虽然你还是会有些疑问，但听到鳗鱼味就会联想起真正的鳗鱼的香气和味道，也就会自然而然地心生好奇，想去尝尝看到底是什么味道了吧？

明明都是鲶鱼，可名字不一样给人的印象就完全不同。

"鳗鱼味的鲶鱼"就是近畿大学在 2016 年夏天重点推出的一种鱼。

或许你也曾看到过相关报道。

该项目的发起人是近畿大学世界经济研究所的有路昌彦教授。当他在农学部学习的时候，就曾经有鳗鱼养殖业者委托他开发能够代替鳗鱼的新食材。因为如今鳗鱼的数量已经越来越少，价格也在不断攀升。有路昌彦心中一直记挂着这件事，在研究了 6 年以后，终于决定用鲶鱼来进行尝试。反复实验之后，他最终成功开发出了和鳗鱼在口感和味道上都十分相似的"蒲烧鲶鱼"。

如果他们的宣传口号只是"试着吃一吃鲶鱼吧"，想必是不会引起这么多关注的。

打出"鳗鱼味的鲶鱼"这个口号之后，就会让很多人提起兴趣，想知道它究竟是什么味道。

一个名字改变了人们对鲶鱼的看法。

在 2016 年一个土用丑日 [1]，近畿大学和永旺超市联手推出了

1　土用丑日："土用"是日本源于五行的一段时间，一般指立春、立夏、立秋、立冬前的 18 天左右；而"丑日"则是指按照地支排序属于"丑"的那一天。"土用丑日"现在一般指"夏季的土用丑日"，即立秋前 18 天之中属于"丑"的那天。日本人习惯在这一天吃鳗鱼。

"蒲烧鲶鱼"。同时，这道菜品还被廉价航空公司乐桃航空看中，成了机内的一道飞机餐。

如果只是拿鲶鱼作为卖点，是不会有这么大反响的。

这道菜品之所以会大受欢迎，说到底还是因为"鳗鱼味的鲶鱼"这个名字。

公司名要能体现公司业务

有句话叫作"物如其名"，意思是说名字要能够表达出一个东西的内容或性质。在商业领域，公司的名字也是非常重要的。

我在各地进行演讲的时候，经常会和很多中小企业的经营者交换名片。

让我不解的是，光看名片的话，很多公司的名字都让我看不懂它究竟是做什么业务的。

即便当时对方对我进行了说明，后来再见到的时候我还是完全不清楚公司业务内容。

如果是大公司倒罢了，可中小企业如果不能让对方通过公司名称了解公司业务内容的话，实在是有些可惜。即便该公司主要从事 B2B[1] 业务也是一样。一个含糊不清的公司名会让你在不知不觉间错过大批业务。

越是小公司，在命名的时候就更应该考虑这个名字是否体现了本公司业务内容。

此外，如果公司规模扩大，公司名称与眼下主要从事的业务内容已经有所偏差的话，若依然沿用创业时的名字，也是非常可惜的。

因为这种情况依然会给你带来相当大的损失。

例如，下面这些名字都是现在十分有名的公司的曾用名。

你知道这些公司是现在的哪些公司吗？

1　B2B：Business-to-Business 的缩写，指企业与企业之间通过专用网络或 Internet 进行数据信息的交换、传递，开展交易活动的商业模式。

- 山梨丝绸中心

- 福音商会电机制作所

- 山行屋米店

- 龙门面包制造所

- 松尾粮食工业

- Frontier 制茶

- 日贺志屋

- 中村制作所

- Back Rub

- Blue Ribbon Sports

答案是……

- 三丽鸥　　←　山梨丝绸中心
- 先锋公司　←　福音商会电机制作所
- 纪文食品　←　山行屋米店
- acecook　←　龙门面包制造所
- Calbee　　←　松尾粮食工业
- 伊藤园　　←　Frontier 制茶
- S&B 食品　←　日贺志屋
- 万代南梦宫 ←　中村制作所
- 谷歌　　　←　Back Rub
- 耐克　　　←　Blue Ribbon Sport

　　如果这些公司都沿用了当初的名字，恐怕是不会有如今这么高的知名度的。

　　你的公司名还不需要进行改变吗？

给项目加上一个名字！

当进行一个新项目或新策划的时候，名字可是非常重要的。

给项目命名，从某种意义上来说就是在给这个项目注入活力。

如果名字起得好，项目成员就会对这个项目抱有感情，这样就可以提高士气，创造出更好的成绩。

在欧美国家，人们为作战计划或者国家项目命名的时候，经常会借用"地名""神的名字""天体名""动植物名""矿物名""人名"等。

以地名命名的计划中，最有名的就是"曼哈顿计划"。

第二次世界大战中，为了对抗德国的原子弹开发项目，美国、英国、加拿大计划动员所有的优秀科学家和工程师来开发和制造原子弹。由于当时该计划的执行总部位于纽约曼哈顿，就借了这个地名将其命名为"曼哈顿计划"。

美国国家航空与航天局（NASA）的登月计划"阿波罗计划"是借用了希腊神话中太阳神阿波罗的名字。在阿波罗计划实施前的载人航天计划被命名为"水星（Mercury）

计划"。这是借用了罗马神话中出现的旅人守护神墨丘利（Mercurius）的英文读音（Mercury）。

1944年7月20日，计划暗杀希特勒却最终失败的行动名为"瓦尔基里行动"。这个名字取自瓦格纳的歌剧《尼伯龙根的指环》[1]中登场的北欧女神瓦尔基里之名。

由上面的介绍我们可以得知，欧美各国经常会借神话命名行动计划或作战方案。

2011年3月11日的东日本大地震中，美国的救援复兴计划就叫作"朋友大作战"（Operation Tomodachi）。很明显，这是借用了日语中"朋友"（Tomodachi）一词的发音。

同时期，由于东日本大地震影响了日本的电力供给，当时有人在互联网上发起了一场民间省电宣传活动，名为"屋岛作战"。这是借用了人气动画《新世纪福音战士》中的一个计划的名称。

同样是呼吁大家省电，借用了"屋岛作战"这个名字之后，就会让人更有干劲。

---

1 《尼伯龙根的指环》：德国音乐家瓦格纳作曲及编剧的大型乐剧，于1848年开始创作，至1874年完成，历时26年。创作灵感来自北欧神话中的故事及人物，由《莱茵的黄金》《女武神》《齐格弗里德》《诸神的黄昏》四部歌剧组成。

你也试着将公司里一些平凡无奇的项目名称改成其他的名字吧。

或许可以提高项目成员的士气哦。

比如：

"职场环境改善项目"

↓

"天堂计划"

"办公室桃源乡作战"

怎么样呢？

再给会议起个有亮点的名字吧。

比如：

"定期例会"

↓

"吉报会"

"商品开发会议"

↓

"'畅销品萌芽'守护计划"

还不错吧。

一个普通的会议，在改了名字之后或许可以让与会者发言更加踊跃发言哦。

命名基础的"3S"是什么？

一般来说，在为项目命名的时候，最好避开那些过于复杂或者难以理解的名字。首先要考虑的是这个名字是否通俗易懂。

如前面所描述的那样，命名的时候可以参考"地名""神的名字""天体名""动植物名""矿物名""人名"，或者是"小说""漫画""电视剧""电影""音乐""明星""领导人"等的名字。

那么，在为商品或者某项服务命名的时候，要考虑到哪些方面呢？

首先，要考虑到下面的"3S"。

·**1**· 简短（Short） ›› 名字要短。最好是 7 个字以内。

·**2**· 简单（Simple） ›› 名字要通俗易懂，好听好记。

·**3**· 直接（Straight） ›› 要让人一看就知道这个东西是干什么的。

抛弃那些"难懂""难读""复杂"的名字吧。

在真正给商品命名的时候，还要考虑到商标登记的问题。

如果详细介绍命名方法的话，一本书都说不完的。

还有一种就是与前面提到的"3S"原则背道而驰的思考模式。

饮食店的菜名大多平淡无奇，此时我们就可以加上一些地名或形容词让名字变得更长一点。

在这里，我想以小林制药的商品名为案例来介绍几个命名时常用的基本方法。

为什么选择小林制药这个商品名呢？

因为虽然小林制药的商品名称没什么新意，但是十分通俗易懂，是我们学习命名基础的最佳教材。

乱战中胜出的商品名

小林制药是非常重视产品命名环节的。

小林制药一直将"开发生产消费者所需生活必备品"作为企业的品牌宣传口号，在这个口号的带动下，该公司努力填补目前市场上的生活必备品空缺。在产品命名方面，小林制药认为如果不能让用户通过名字就知道"这个商品是干什么用的"，那这个商品是注定得不到消费者青睐的。

在产品命名会议上，开发团队的负责人会从大量的候选名称中进行选择。会议的场面常常是一片混乱，大家众说纷纭，不断强调自己的选择是多么正确，而最后定下来的名字大多都十分接地气。所以，这种命名会议又被称为"开发乱战"。在这种乱战中胜出的命名方案将被提交董事长进行裁决，通过之后即可上市发售。

下面是我对小林制药主要商品名称的分类。

①直接阐述功能型

顾名思义，就是直接告诉你该产品是干什么的，甚至还有

"OO 清洁中"这种对使用时的状态进行描述的名字。

- 丝线牙签
- 腋下吸汗贴
- 上厕所之后
- 微波炉一扫净
- 毛发收集器
- 肌肉舒缓剂
- 水壶清洁中
- 不锈钢水壶清洁中

②组合型

以用途加上效果的方式命名。如果文字有重合的部分就省略掉，或是进行一些变化，巧妙地使用谐音等。

③"用途＋语感"型

既可以让客户明白产品的用途，也考虑到语感，让商品名

- 退烧贴　　　（退烧＋贴布）
- 消雀灵　　　（消除＋雀斑）
- 头痛消　　　（消除头痛）
- 喉药长棉签　（喉咙＋涂药棉签）
- 防磨鞋贴　　（防磨＋鞋贴）
- 口气管家　　（口气＋管理）
- 伤口泡泡　　（伤口＋泡沫消毒剂）
- 蓝厕所　　　（会流出蓝色水流的厕所）

读起来更顺口。

各位觉得怎么样呢?

从上面这些例子可以看出，小林制药在给商品命名的时候，

几乎都遵循了前文中我们提到的命名基础"3S"原则。

- 膀胱灵　　　（膀胱炎症治疗药物）
- 滴视明　　　（眼病预防类药物）
- 头痛消　　　（消除头痛）
- 感冒灵　　　（针对感冒的各种症状，一用就灵）
- 耳鸣消　　　（改善耳鸣）
- 一夜美梦　　（改善睡眠）
- 夜美肤　　　（夜间美肤）
- 窈窕美　　　（给你窈窕身姿）

　　比起那些看上去很时尚，其实根本没有明确说明用途的名字，还是这种又好听又好记吧。

　　当你需要给什么商品起名字的时候，也可以参考一下哦。

创造一个新词来给抽象概念命名

　　当我们用一个全新的名词来命名某种现象或抽象概念时，

这简简单单的几个字就可以代替冗长的说明。这个过程就是所谓的"创造新词语"。

如果创造的这个新词十分精准的话，它就能快速传播开来。

例如在 2009 年左右风靡一时的"草食（系）男子""肉食（系）女子"就是一个典型的例子。

·1·草食男子　»　不会主动追求异性的男性。

·2·肉食女子　»　会主动出击追求异性的女性。

想对这种性格的男性或女性进行详细解释的话，可是非常麻烦的。但是通过"草食男子"和"肉食女子"这两个新名词，就能让别人看一眼名字便知道具体是什么意思了。

另外，通过给自己的"体验""想法""发现"起一个抽象的名字，就能够把这些作为独创的"法则""教训""原则"向世人进行推广宣传。

　　我在 2009 年出版的商务书籍处女作中，把那种会让读者感动落泪的故事法则称为"剧情黄金律"[1]。

　　单从该法则的内容上来说，如果是参与到剧情创作环节中的人，应该是谁都知道的。但是，能不能把它用简单的三句话表达出来，再给它们按照"剧情黄金律"起一个名字才是最重要的。

　　这个法则后来被很多图书、报纸、杂志等刊登引用。

　　说得极端一点，我现在之所以能够写这本书，就是因为这个"剧情黄金律"。

　　大家也试着把自己的"体验""想法""发现"抽象概括一下，然后给它们起个名字吧。或许还能改变世界哦。

　　接下来为大家介绍一下"创造新词语"的五大技巧和注意事项。

1　剧情黄金律：由川上彻也提出的一种理论。他认为几乎所有给人带来感动的电影、演讲、新闻等都遵循了以下三条法则：①缺少某种东西，或被夺走了某种东西的主角；②为了实现心中遥远且难以实现的目标；③克服重重阻碍，战胜人。

创造抽象概念词语的五大技巧和注意事项

① 省略型

对原有词语进行省略是"创造新词语"的技巧之一。

· **池面**——形容长得非常好看的男性。意思是"美丽的男子"，或"美貌的男子"。1999 年，时尚女性杂志《egg》首次使用该词。

· **AR30**——形容 30 岁前后的女性（现在也包括男性）。源自日式英语"around thirty"。2005 年，女性杂志《GISELe》首次使用该词。

· **婚活**——省略自为了结婚而参加各种相亲的"结婚活动"这一词组。社会学者山田昌弘首次使用该词。

此外，日文中还有"性骚扰""智能手机""日式手机""啤酒肚""放鸽子""联谊"[1] 等已经被大众熟知的省略型新词。

---

1 以上词语在日文当中都经过了简化和缩写。以中文举例的话，这种造词方式类似于将"高级中学"简称为"高中"、将"美利坚合众国"简称为"美国"、将"奥林匹克运动会"简称为"奥运会"的做法。

②组合型

除省略型外，还可以把两个词组合起来创造新的词语。

原本只是普普通通的一个词，通过组合却能产生奇妙的化学反应。独特的新词就此诞生。

· **My boom**——"my（我的）"和"boom（流行）"组合产生的日式英语。

意为"属于我自己的流行风格"。创造者是插画家三浦纯。入选 1997 年的新语流行语大奖。

· **孝顺游戏**——"孝顺"和"游戏"组合产生的新词组，同样由三浦纯创造。

三浦纯认为"一开始孝顺父母完全可以出于社会压力，但后来总会投入真心的"，于是便在"孝顺"一词的后面加上"游戏"，消除了"孝顺"一词会给某些人带来的压力，帮助他们更坦然地展现自己的孝心。

· **鲤鱼女子**——职业棒球队广岛东洋鲤鱼队的女性粉丝。把"鲤鱼"和"女子"结合在一起创造出的一个新词组。2013

年，由于 NHK 在新闻报道中称"首都圈女性鲤鱼粉丝剧增"，该词便随之传播开来。

除此以外还有"清凉办公""区域性暴雨""爆炸性低气压""归家难民""风评受害"等大众已经非常熟悉的组合型词语。

③首字母型

"创造新词语"的第三种方法就是利用词语的首字母。

同样的一个词，如果用字母来表示的话，就会给人耳目一新的感觉。

·**ID 棒球**——1990 年野村克也就任养乐多队总教练时打出的口号。意为"重视数据的棒球"。ID 是取自"Important Data"一词的首字母。

·**KY**[1]——情商低的首字母。原本是网络用语，2007 年左右突然流行了起来。

·**JK**[2]——女高中生的首字母。原本也是网络用语，随后

1　情商低在日文当中读作 Kuuki Yomenai。
2　女高中生在日文当中读作 Joshi Kousei

逐渐被大众接受。

·CA——客机空乘人员。来自日式英语"Cabin Attendant"的首字母。

④"借用·谐音"型

借用或改变常用词的一部分也是创造新词语的手法之一。其中大多数新词都会利用谐音。

·**安倍经济学(Abenomics)**——2012年，第二次安倍晋三内阁所提出的经济政策。由安倍的姓氏(Abe)和英语中意为经济的"Economics"一词相结合产生。灵感来源于美国前总统罗纳德·里根的经济政策"里根经济学"(Reaganomics)。

·**小渊电话(Buchi Phone)**——1999年，时任日本首相的小渊惠三亲自给很多人打电话，由此诞生了这个词。灵感来自于"按键电话"(Push Phone)一词，将"小渊"(Buchi)和"电话"(Telephone)这两个词组合在了一起。这个新词获得了1999年流行语大赏，并挽救了小渊内阁一度低迷的支持率。

· **琴步**——2016 年，相扑初场所[1] 中获胜的大关[2] 琴奖菊在比赛之前反身下腰的一个动作。因为和花样滑冰中后仰式下腰的鲍步动作十分相似，故而得名。

⑤二次创作型

即用已经流行起来的新词为基础，创造出另一个新词的方法。

因为已经有一个新词了，所以二次创造起来比较简单，也比较容易流行起来。

· **终活**——源自"人生终点的活动"一词，意为留遗嘱，举行葬礼、下葬等活动。原词是"就活""婚活"[3] 等。类似的词语还有"妊活""朝活""保活""离活"[4] 等等。

---

1 相扑初场所：日本相扑界每年会举行六场大型比赛，其中一月份在东京两国体育馆举办的比赛称为初场所。

2 大关：日本相扑选手的等级。仅次于最高等级的"横纲"，属第二位。

3 就活，在日文当中意为求职活动。婚活，在日文当中意为结婚前的准备工作。

4 妊活，在日文当中意为学习各种怀孕知识以及学习调养身体的方法。朝活，在日文当中意为早上开始工作前的一些活动。保活，在日文当中指为了让孩子进入较好的幼儿园而进行的活动。离活，在日文当中指离婚前的各种准备工作。

· **孕骚扰**——怀孕期骚扰的省略语。指在职场中对怀孕或哺乳期的女性进行骚扰等行为。原词是"性骚扰"。类似的词语还有"职权骚扰""精神骚扰"等。

· **育面**[1]——意为积极参与育儿活动的父亲。来自上文中提到的"池面"一词。同样来自该词的新词还有"不细面""气持面""池男"[2]等。

注意事项

上面为大家介绍了创造新词语的五大技巧以及一些代表词例。这些技巧在为社会现象起名字的时候是非常有效的。

但是，在对自己的"体验""想法""发现"进行抽象概括，然后命名的时候，比起上面提到的这些造词技巧，还是简单的命名方式更能深入人心。

比如前面提到的"剧情黄金律"，这种时候，类似"××法则""××理论""××定理""××规则""××计

---

1 育面与池面的日文读音相近。
2 不细面，在日文当中指相貌丑陋的男性。气持面，在日文当中指令人感到恶心的男性。池男，在日文当中指相貌帅气的男性。

划""××症候群"等名字才更合适。

"眼口耳脑心"检查法

不管是商品、项目还是抽象概念，在你给它们命名的时候，记得要从下面的"眼口耳脑心"五个角度进行检查。

检查完这五项都没问题的话，命名的第一阶段就算完成了。

如果真的要发售该商品，后期还需要考虑到商标设计等问题。

1 用眼睛去检查 >>	写成文字的时候，是不是通俗易懂，一目了然呢？
2 用嘴去检查 >>	读出来的时候，好不好读呢？
3 用耳朵去检查 >>	耳朵听到的时候，发音是不是流畅，听起来好不好听呢？
4 用脑子去检查 >>	准确表现产品特征了吗？听一次就能记住了吗？
5 用心去检查 >>	这个商品名称和公司一贯的形象相符吗？

第五章　　总 结

1

名字是人和东西的一张脸。一个准确的名字可以代替冗长的说明，完美表达你心中所想。

2

名字会影响商品的价值和概念。

3

小公司的名字应该让人看一眼就知道业务内容。
企业发展壮大之后，当公司名称和业务内容有偏差的时候，最好还是改个名字。

4

命名的基础是"3S"原则。
即：简短 (Short)、
简单 (Simple)、
直接 (Straight)。

在创造新词语给抽象概念命名的时候，有五大技巧和注意事项。

比喻力

第六章

○ ○ ○ ○

即兴说一个叫人拍手称赞的恰当比喻

掌握比喻力，你就赢得了选举

"一言力"必备能力中，排在第六位的是"比喻力"。

所谓"比喻力"，就是在**说明某个东西的时候，把它比喻成别的事物进行解释**的能力。不管是口头表达上还是书面表达上，能够熟练运用"比喻力"的人都会让别人刮目相看。

如果能够运用恰当的比喻，那么本来需要用长篇大论来进行的说明就会变得简洁很多。换句话说，就是变得通俗易懂。

另外，很多比喻会让听者更容易在脑海中进行想象，所以用比喻进行说明时，能够给听者留下良好的印象。

而且，当这个比喻十分新颖的时候，有时还能给他人带来新的发现。

也正是因为如此，才会有那么多优秀的政治家、宗教家、经营者不仅是"断言"的好手，更是使用"比喻力"的达人。

2016 年 7 月举行的东京都知事选举活动上，可以说正是"比喻力"决定了最后的输赢。

同年 6 月，舛添要一知事辞职之后，东京都决定开展新知事选举活动。在官方公布该消息的两周之前，小池百合子就早早宣布要参加竞选。在记者招待会上，她说了下面这句话：

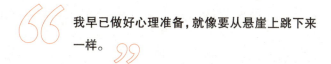

我早已做好心理准备，就像要从悬崖上跳下来一样。

实际上她不可能真的从悬崖往下跳，所以冷静一想的话，这只是一个比喻。

但是第二天一早的报纸和网络新闻几乎都用这句话做了标题。而也正是这句话，决定了东京都知事选举的最后走向。

在那之后，犹豫要不要参与竞选的增田宽也表示"需要做好从天空树往下跳的心理准备"，而石田纯一说的则是"简直像是要从直升机上往下跳一样"。严格来说，从这些模仿性的发言相继出现的时候，选举的胜负就已经很清楚了。后来宣布参选的候选人本该做的是使用完全不一样的比喻来消除小池百合子这句话的影响，然而他们并没有。

在选举过程中，小池一方将己方的代表色"绿色"命名为"百合子绿"。这种"命名力"也让人钦佩。给普通的"绿色"加上自己的名字，就赋予了它新的含义。另外，小池一方还呼吁大众在参加演讲的时候，带一件绿色的东西来，这也是个妙招。因为这样一来，出现在镜头里的就是一片"绿色"的海洋了。

而这次选举的结果就如大家所知道的那样，小池百合子大胜而归。

掌握"比喻力"，就能赢得选举。

松下幸之助的"比喻力"

不仅是政治家，优秀的经营者往往也十分擅长使用"比喻力"。

1932 年 5 月 5 日，松下电气器具制作所（现松下电器）

在大阪堂岛的中央电气俱乐部举办了第一届创业纪念仪式。

松下电器的创始者松下幸之助当时 37 岁。虽然此时距离松下电器成立已有 14 年了，但松下幸之助依然将这一天称为"松下电器创立纪念日"，足见这一天的重要性。

幸之助在全公司 168 名员工面前发表了这段著名的演讲。

 产业人的使命就是克服贫穷。因此，我们需要在生产出物资之后，用这些物资去创造更多的财富。水管里的水是有价值的，但是谁都不会去责怪一个乞丐喝公园的自来水。因为自来水资源相对丰富，价格也十分便宜。产业人的使命就是提供像自来水这样无穷无尽的物资，让它们近乎免费。这样才能创造幸福的人生，才能在世上建设一片极乐净土。而这，也是松下电器的真正使命。

听见这段演讲，员工们的士气也达到了一个新的高峰。所有人都走到台上，当众表明了自己的信念。

正是因为松下幸之助把电器制品的普及比喻成水管里的自

来水，他的理念才能被这么多人接受。

这种经营理念后来被称为"自来水哲学"。

松下幸之助在 33 年后的 1965 年，于冈山县仓敷国际酒店召开的第三届关西财界研讨会上发表演说时，又提出了名为"水坝式经营"的经营模式。

"水坝式经营"也是一个用了比喻起的名字。

河流上的水坝平时会蓄水，然后根据需要选择性地放水。经营公司也是一样的，需要储备大量的资金、人才、商品库存，然后根据具体情况适时放流，这样就能尽量减少经济动荡和供需关系变化对公司的影响，保证经营的稳定性。

在听到这样一段演说之后，会场的听众提出了下面的问题。

"确实如您说的那样，但让我们头疼的就是现实中很难做到这一点。作为我们这些难以保证储备的小企业来说，该怎么建设大坝呢？"

幸之助回答道："这我也不知道。但是，无论如何一定要有这种想法。"

会场众人原本是希望松下幸之助给出具体实施方案的，没想到却得到了这样的回答。一时间场中私语不断，甚至有人失声笑了出来。

但在此时，会场中却有一名男子为幸之助的话语所感动，心情澎湃起来。他这样感叹道：

> 如果总觉得自己是小企业，老是指望别人告诉你成功的捷径，是一辈子都不可能把大坝建起来的。首先要有的就是'我要建一座大坝'这种强烈的念头。抱着这种强烈的愿望每天一步一步脚踏实地去努力的话，几年之后就一定能够成功。松下先生想表达的是这个意思。

这个男人正是几年前刚刚创办了京都陶瓷（现名京瓷）的稻盛和夫。

稻盛随后提出了名为"阿米巴经营"的经营管理模式。

所谓"阿米巴经营"，是指把公司分成一个个名叫"阿米巴"[1]的六七人的小组，每个小组需要设立自己的计划和目标，

1　阿米巴：一种单细胞动物，多生活在水中。经常改变身体形状。

然后实现它。因为都是一个个小集团，所以成果很容易通过数字表现出来，也更容易提高员工们的主人翁意识。

"阿米巴经营"也是一个使用了比喻手法起的名字。一听到这个名字，大家就会对它具体的管理方法有一个大概的了解了吧。

村上春树的"比喻力"

说起比喻的好手，小说家村上春树就是一位。

他在每本小说中都留下了让人印象深刻的比喻句，其中我个人记忆最深刻的便是在《舞舞舞》（讲谈社文库）中出现的：

"文化扫雪工"。

这篇小说的主人公"我"是一位自由广告撰稿人。

主要负责为杂志写一些女演员的访谈稿和餐厅的介绍文等。

主人公自己并不觉得这份工作有多大的意义。

作品中，"我"曾经多次谈及自己的工作。

"写文章这件事本身是并无痛苦的。我并不讨厌写文章。写文章会让我觉得放松下来。但是我写的文章根本毫无内容可言，并没有任何意义。"

"写什么都行。只要写了字就行。但是这东西必须要有人来写。所以，我就来写了。我就像是扫雪工一样。文化扫雪工。"

但是工作的时候却绝对不会偷工减料。还是会认真调查，用心组织文字。虽然稿费很低，却没有抱怨。即使稿子催得很急，也要在截稿的 30 分钟之前写完。

如果北国大地下了大雪，就需要有人认认真真地去扫雪。

否则行人就会摔跤。

"我"的工作也是如此。

此外，在掌握了提高工作效率的方法之后，"我"又这样说道：

"但是，确实有一些更有效的扫雪方法。比如诀窍、技巧，或者扫雪姿势、力道掌握之类的。我并不讨厌去思考这些方法。"

如果不是用了"扫雪工"这个比喻，只是简单叙述自己对工作的看法的话，想必是不会给人留下如此深刻印象的。正是因为用了比喻修辞，才会这样深入人心。

明喻：一眼就能看出是比喻

严格来说，比喻也有很多种，但大体上可以分为"明喻"和"暗喻"两类。

所谓明喻，就是"能让人一眼就看出来是比喻的比喻"。具体来说就是带有"好像××""仿佛××""好似××"之类的话。

刚刚我们举的例子中，在东京都知事选举活动上小池百合子说的那句"就像要从悬崖上跳下来一样"就是一个明喻。

在 20 世纪 60 年代到 70 年代间活跃于美国拳坛的传奇拳击手穆罕默德·阿里，虽然他属于重量级选手，却能够完成轻巧的踏步和刁钻的刺拳进攻。其华丽的进攻手段可谓是前无古人，为他带来了胜利，也为他赢得了许多支持。

有人曾经这样形容阿里的拳击风格：

> **蝴蝶般的步伐，蜜蜂般的刺拳。**
>
> (Float like a butterfly, sting like a bee.)

　　这就是一个典型的明喻。这是阿里的训练员杜鲁·班迪
尼·布朗想出来的一句话。后来，每场比赛之前，阿里都会和
杜鲁一起大声喊出这句话。

　　2015 年 9 月的橄榄球世界杯赛上，日本代表队戏剧性地战
胜了作为冠军候选者之一的南非代表队。随后，为了称赞他们
的伟大壮举，网络上出现了"换成 OO 的话，就好比是 ××"
这种使用明喻修辞手法的句子，并风靡一时。其中最有名的是
下面这句。

　　这种事情换成摔跤比赛的话，就好比是桐谷美
玲战胜了吉田沙保里吧。

　　且不论这个比喻到底正不正确，但它确实让很多人一下子
直观感受到了这次胜利是多么来之不易。

　　这种先假设一个条件再进行比喻的方法也十分有效。

　　这也可以算作明喻了吧。

带有速度感的隐喻（暗喻）

另外，隐喻又被称为暗喻，是指不让人看出来这是个比喻的比喻。

在我们前面所举的例子中，村上春树的那句"文化扫雪工"就是一个暗喻。

当今社会，女性就算能力再出众，再怎么努力，也不能成为领导人。而有一个暗喻就是形容这种"看不见的阻碍"的。

"玻璃天花板"（glass ceiling）。

这是美国从 20 世纪 80 年代开始使用的一句话。因为希拉里·克林顿经常在演讲中提到，逐渐变得众所周知。2016 年 7 月，成为民主党总统候选人的希拉里在当选演讲中说道："我的当选意味着'玻璃天花板'出现了史上最大的裂缝。"

美食记者彦摩吕就因为很擅长用独特的比喻去描述美食而为人所知。彦摩吕原本只是用普通的词语去做美食报道。但是随着时间的推移，他开始担心再这么下去自己会逐渐从电视上消失。于是他痛定思痛，决定回归初心，将自己的感受原汁原味地表达出来。

当时他正在北海道出外景，介绍北海道鱼类市场食堂里的海鲜盖饭。在彦摩吕的眼中，鲑鱼子就好像红宝石一般，鯵鱼是蓝宝石，鲷鱼是蛋白石。于是他不禁赞美道："哇，这就是海中宝石箱啊！"

彦摩吕就这样打破了束缚，开始用独特比喻去描述美食之旅。

比如说下面这些比喻。

这就是浓汤界的奉子成婚嘛。

（用猪骨头和海鲜熬成的浓汤）

这锅关东煮就是食材泡温泉啊。

（加入了很多食材的关东煮）

这些比喻就是隐喻。

一般来说，隐喻会有种速度感，能够更快地击中读者内心。但是隐喻有时候也会让人一头雾水，或是直接被忽略，这算是它的缺点了吧。

在商务领域，没必要严格区分明喻和暗喻。

你觉得哪个有用就用哪个好了。

向"比喻吐槽"学习对话中的比喻技巧

如果在对话中你也能瞬间使用比喻修辞，就会让人觉得你头脑灵活，进而对你刮目相看。

怎样才能用好比喻修辞呢？大家可以参考在电视上十分活跃的搞笑艺人们。

下面为大家介绍三位十分擅长用比喻来吐槽的艺人，我将这种技巧称为"比喻吐槽"。

首先是"奶油浓汤"组合里的上田晋也。让我们来看看他的一些发言。

你这简直就跟到了11月才开始卖凉面一样！

（对那些赶不上潮流的人说）

 这简直跟大夏天的洗完桑拿再参加篝火晚会一样！

（出外景条件艰苦的时候）

 心理防线太脆弱了吧。你是两好零坏的时候被派上场的代打[1]吗！

（对那些一挤对就方寸大乱的艺人们说）

 这简直是穿学校泳衣的赢了穿鲨鱼皮泳衣的！

（形容那些后来居上的人）

　　这些比喻都十分通俗易懂，同样的句子换个词就能在日常生活中派上用场了吧。

1　代打：棒球术语。指棒球比赛中被临时派上场的击球手。

接下来让我们看看来自南海 Candies[1] 的山里亮太是怎么
用"比喻吐槽"的吧。

> 我说，你这已经不是简单地践踏我的心了，你
> 这是穿着钉鞋在践踏啊。我这颗玻璃心啊，哗
> 哗碎。

（别人总是说一些难听的话刺激他的时候）

> 吓到了吧，一个个的都跟海啸前的海水一样缩
> 回去了。

（观众对山田的发言大为震惊的时候）

> 内心独白的声音太大了好吗？

（听到主持人小声说他'好恶心啊'的
时候）

> 我只有接吻这个技能一直没有点亮。

（当别人说他好像对接吻很懂的时候）

1　南海 Candies：由山里亮太和山崎静代组成的搞笑组合。

　　这些比喻同样都很通俗易懂，但是大家可以发现，他并不是在直接描述，而是稍微进行了一些改变。如果不是拥有丰富的词汇量，是很难说出这些比喻的。

　　最后一位是来自"足球时间"[1]的后藤辉基。我们来看看他的"比喻吐槽"是怎么样的。

温差太大我快感冒了。

（参演艺人的情绪有高有低的时候）

简直是一居室里住了15个人。

（出外景吃得太饱的时候）

这种笑话你也好意思说出口。换成陶艺家早给你砸了。

（艺人讲了一个笑话冷场的时候）

1　足球时间：由岩尾望和后藤辉基组成的搞笑组合。

> 这已经不是飘忽不定了，你这是在做眼保健操吧！

（对眼神飘忽不定的搭档说）

> 这家伙在我眼里呢，大概60%是男人，40%是女人，就跟咖啡牛奶似的。

（评价自己的搭档岩尾望）

后藤辉基的比喻可以说是比较有水平的，也可以作为大家在使用比喻修辞时的参考。

瞬间使用比喻修辞的方法

那么，如果想在对话中使用比喻修辞，该怎么训练自己呢？先从寻找比喻对象和其他事物之间的共同点开始吧。

我们来看看前文中提到的"比喻吐槽"的例子。

- "不能应季的餐厅菜单" （赶不上流行）
- "体育比赛中的背水一战" （被逼到绝路，方寸大乱）
- "海水退潮" （观众们惊讶得捂嘴后退）
- "屋子里挤满了人" （肚子里挤满了食物）

就是要像这样寻找共同点。

做比喻的时候，如果两件事性质差不多，是很难给人留下深刻印象的。

比如"赶不上流行"这件事，如果用"衣服"来进行比喻的话，就因为两者性质相似，从而无法产生化学反应。上田晋也则是将其比喻成11月份才开始贩卖作为夏季菜品的凉面，这才让人忍俊不禁。

另外，"OO是△△"句式作为做暗喻时的基本句型，如果能在日常生活中也坚持使用的话，"比喻力"就一定会有所提高。

例如，把人生比喻成各种东西。

> • "人生是登山。"
> • "人生是场旅行。"
> • "人生是场足球赛。"

诸如此类。

如果说"人生是登山"的话，就要去发现"人生"和"登山"之间的各种相似之处。比如可以有下面这些：

> • 有上有下。
> • 没有地图的话会心里没底。
> • 以为自己已经到达顶峰了，可到那儿一看才发现一山更比一山高。
> • 行李最好能轻点，但什么都不带的话又有点担心。
> • 登顶之路并不是只有一条。
> • 越往上走，看到的景色就越是不同。

只要坚持这种寻找事物共同点的训练，你的比喻力就会越来越强大。

"寸铁杀人"

虽然严格来说这种方法不能算作"比喻"，但如果能用合适的"成语""俗语""格言"去进行评价的话，也能够通过寥寥数语打动人心。

成语大都来源于中国古代的历史故事，是从故事中总结出的经验教训。例如**"寸铁杀人"**这个成语。

这是在中国南宋时代《鹤林玉露》这本散文集中出现的一个词。所谓"寸铁"，是指短兵器。即使是这样的短兵器，只要刺的位置准确，就可以杀人。"寸铁杀人"便是说简短有力的话语同样可以直击人心。

假设你的上司在发布会上用一句话抓住了客户的心。如果此时你能这样夸一句"部长的这句话简直是寸铁杀人啊"，部长听在耳里应该也十分熨帖吧。除此以外，还有很多成语能够用在工作中。

抛弃私情忍痛处分某人的时候可以说**"挥泪斩马谡"**。

投标失败之后再次尝试的时候可以说**"卷土重来"**。

下属的资料里缺少重点内容的时候可以说**"缺少画龙点睛的一笔"**。

此外，还有来自《论语》的成语和句子，如**"闻一知十""和而不同""后生可畏""过而不改，是谓过矣""见义不为，无勇也"**等。

来自《老子》和《庄子》的成语和句子，如**"上善若水""天网恢恢，疏而不漏""知足者富""君子之交淡如水""螳臂当车""无用之用"**等。

另外，还有**"一网打尽""渔翁之利""合纵连横""自相矛盾""杞人忧天""压卷之作""马氏五常，白眉最良**[1]**""马耳东风""同床异梦""四面楚歌""批逆龙鳞""塞翁失马，焉知非**

---

[1] 马氏五常，白眉最良：本句出自《三国志·蜀书·马良传》，在汉语中其实并无对应的成语。日语中指兄弟中最优秀的人。

福""**有备无患**"等可供选择。

如果可以的话，最好是在了解这个成语的出处和历史背景的前提下再用，这样才能更显学识渊博。

在本章的最后为大家总结了一些成语的意思和由来，各位可以参考一下。

所谓俗语，是代代传承下来的含有讽刺意味或教育意义的短句子。

比如"铁石心肠也会流泪""龙生龙凤生凤，老鼠儿子会打洞""欲速则不达""做起来比想的容易""功到自然成""说一套做一套""欲成事者易招灾"等。

"格言"和"名言"之间并没有明确的区分，本书将出处不明的句子统称为"格言"。

诞生于特定领域的格言会更有一番味道。

例如下面这些句子都是在相扑和股市中很有名的格言。用在工作中想必也能发挥很大的效果吧。

· **寻花入山，应反其道而行之**——想获得利益的话，就不能随大溜，而是应该采取和大家不一样的行动。

·**及时止损**——当手中持有的股票开始跌的时候，不要期待它总有升值的一天而迟迟不肯抛售，应该尽早脱手，果断止损。

·**到底未到，未到已到**——意为在股价下跌的过程中，当大家感觉好像已经该触底反弹的时候，实际上可能还会继续下跌。当大家都觉得还会继续下跌的时候，或许反而就要触底反弹了，提醒股民要考虑到各种可能性。这句话实际上表达的是股市的变幻莫测，谁都无法准确预测，所以一定不要轻易下决定。

除此以外，你十分熟悉的领域、体育界或竞技项目中经常使用的"格言"也能带来同样的效果。如果能够恰当地使用大家都不知道的格言，还能让人对你刮目相看哦。

第六章　　总　结

1

一个恰当的比喻可以取代原本所需的长篇大论，让你的表达变得简洁易懂。

2

大多数卓越的政治家、宗教家、经营者、文学家都拥有高超的"比喻力"。

3

谈话中的比喻修辞可以参考搞笑艺人的"比喻吐槽"。

4

从没什么关联的两件事中寻找共同点是掌握"比喻力"的第一步。

掌握"成语""俗语"等简短有力的词组或句子，就可以做到"寸铁杀人"。

本书中出现的主要的中国成语故事

挥泪斩马谡

不管是你多么喜欢的人或是多么优秀的人，只要触犯了法律法规，就需要按照规则进行处罚。

* 出自《三国志·蜀书》。在中国的三国时代，蜀国和魏国作战的时候，诸葛孔明最信赖的一员心腹大将——马谡却违背了他的命令，擅自出战，结果惨败而归。孔明为了维护军中纪律，流着眼泪判马谡斩首之刑。

卷土重来

一度失败的人重整态势，再度袭来。所谓"卷土"，是指马蹄扬起尘土的壮观场面。"重来"是再来的意思。

* 出自杜牧的诗《题乌江亭》。唐朝诗人杜牧用"江东子弟多才俊，卷土重来未可知"来歌颂与汉王刘邦争夺天下失败的楚王项羽。

画龙点睛

添上最重要的一笔,让事情变得完美。"睛"是"眼睛"的意思,代指事物最重要的部分。

* 出自《历代名画记》。据传梁代画家张僧繇在墙壁上画龙的时候,都没有给它们画"眼睛"。人们强行让他给龙加上眼睛之后,这条龙居然飞到天上去了,而没有画眼睛的龙则还留在墙上。

后生可畏

比自己年轻的人因为有雄心也有体力,只要努力就会有非凡的成就,所以绝对不能小觑。"后生"指的是比自己年轻的人。

* 出自《论语》。孔子曾说:"后生可畏,焉知来者之不如今也?"(年轻人是很可怕的。怎能断言他们就不及我们呢?)

上善若水

意为善行的最高境界就像水一样。

* 出自《老子》。原文在后面解释道:"水善利万物而不争,处众人之所恶，故几于道。"（水善于滋润万物而不争名利。处于众人注意不到或厌恶的地方，所以是最接近道的。）

螳臂当车

比喻没有实力的人不自量力，与强者为敌。"螳"指的是"螳螂"。螳螂在对敌的时候，会把自己的前腿举过头顶。

* 出自《庄子》《韩诗外传》等多部著作。既可以表示"不自量力作无谓抵抗"，也可以表示"就算知道自己实力弱小，有时也要以身抗敌"的大义凛然之情。

* 除了上面这些成语故事，如果还有哪些成语是你不知道意思或者不知道出处的，请大家一定要自己查一查哦。

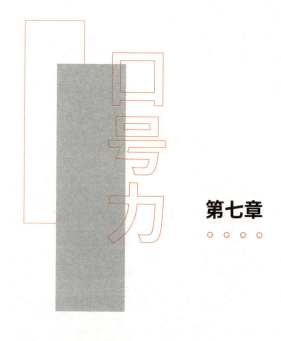

口号力

第七章

喊出一句让众人高度关注的口号

你会在自己的旗帜上写下什么口号?

"一言力"必备能力中,最后一项就是"口号力"了。

所谓"口号",也可以换成**"标语""方针""口令"**等词语,相当于英语中的"slogan"。

"slogan"原本是苏格兰人使用的盖尔语中的词语,意为"在战场中吼出的声音",来自"sluagh-ghairm"。

简单来说,所谓口号,就是公司、团体、集体或个人"为了给人留下深刻印象,简短概括作为自己的理念、主义、主张的句子或标语"。

而"口号力"就是指能够创造出这样一个口号的能力。

作为公司，可以通过一句口号，向世人展现"经营理念"或"处世哲学"。

作为领导，公布一个"努力的目标"，可以帮助你更好地统率下属。

学校的运动会或文化节中贴出来的"标语"也需要有一定的"口号力"。

假设现在需要作为领导的你打出一个口号，你会怎么写呢？

日本的战国武将都会在交战时扬起自己的军旗。虽然很多武将的旗帜都是像真田家的六文钱那样只有一个图案，但也有人在军旗上写下了一句口号。

比较有名的就是织田信长的"天下布武"了。这是他在1567 年平定美浓[1]之后所打出的旗号，意为要用武力统一日本。

武田信玄的"风林火山"也十分有名。他实际上写出来的是"疾如风，徐如林，侵掠如火，不动如山"（像疾风一样动作神速，像森林一样行进舒缓有序，像烈火一样进攻势不可当，

1　美浓：指美浓国。日本旧时的一个地区。位于今岐阜县一带。

像山岳一样坚固不可动摇）。人们将这四句话简称为"风林火山"并流传了下来（也有种说法称这是后人的杜撰）。武田信玄是引用了中国古代兵法家孙武所著的《孙子兵法》中的一部分内容。

德川家康和石田三成作为关原之战的作战双方，也曾在自己的军旗上写过口号。

德川家康的军旗上写的是"厌离秽土，欣求净土"。这是净土教中的一种思想，意为"离开肮脏的现实世界，一心祈求能够前往极乐净土"的意思。

另外，石田三成则打出了"大一大万大吉"的旗号。这句话的意思是"只要能够做到一人为万人，万人为一人，世界上的所有人就都能够得到幸福（大吉）"。

虽然石田三成在关原之战中输给了德川家康，但他所打出的旗号却是略胜一筹的。

一个口号改变了历史

政治斗争中打出的口号有时也会改变国家，改变历史。

推翻了德川幕府统治，成功推进明治维新的新政府曾经打出"富国强兵"的口号。通过提高经济实力（即富国），实行征兵制和改革军制来增强军事实力（即强兵），明治新政府成功追上了西方国家，完成了日本的自强自立。

卡尔·马克思和弗里德里希·恩格斯在著作《共产党宣言》的卷尾写下了这样一句话："全世界无产者，联合起来！"这句口号给共产主义运动带来了深远的影响，也成了多国革命者的旗帜。

美国在第二次世界大战中和日本作战的时候，打出的口号就是"Remember Pearl Harbor（不忘珍珠港）。"

1941年12月7日清晨，日本偷袭位于夏威夷的美军基地珍珠港，给予停泊在此的美军舰队巨大的打击。12月8日，美国的富兰克林·罗斯福总统在国会发表演说，要求对日宣战。

他的演说以"昨天，1941年12月7日是屈辱的一天"作为开场，谴责了日军卑鄙的偷袭行为，要求美国采取一切方式保卫国家，与日军作战。

在此之前，美国国会中一直是反战派占据绝对优势，罗斯福本人也是因为曾经承诺不会挑起战争而成功连任，但是这次演说却让罗斯福的提案得到了参众两院几乎所有议员的支持。

美国国民原本也大都并不赞成参战，但是在政府打出"Remember Pearl Harbor"的口号之后，很多人都变成了主战派。就这样，美国最终卷入了第二次世界大战。

不管结果是好是坏，一句口号确实可能改变历史。

一句话让梦想变成现实

有时候，一句口号会让梦想变成现实。

1961 年 5 月 25 日，美国总统约翰·费茨杰拉德·肯尼迪在联邦议会参众两院联席会议中发表了演说。

肯尼迪在演说中宣布：

10 年内，我们将成功把人类送上月球，再安全
返回地球。

当时，美国在和苏联的宇宙开发竞争中处于劣势。在这
种情况下，肯尼迪总统当时的发言一直被人们视作荒唐可笑
的空想。

但是，正因为这句口号，美国迅速启动了登月计划。

虽然肯尼迪在 1963 年就遭到了暗杀，但他留下的计划却
依旧有条不紊地进行着。在他发出登月宣言的 8 年后，1969 年
7 月 20 日 16 点 17 分，"阿波罗"11 号终于带着宇航员成功登
陆月球。

以 Windows 系统闻名的微软公司是比尔·盖茨和保
罗·艾伦在 1975 年创立的。

公司刚刚创立的时候，两人就打出了下面的口号。

 让每张办公桌、每户家庭都拥有一台电脑。

当时的电脑还是大型计算机，个人电脑才刚刚被开发出来。

不久，他们接下了 IBM 的订单，开始进行软件开发。当时开发出来的是 DOS 系统。一般来说，能拿到 IBM 这家大型公司的订单就够让人心满意足了，但盖茨却并没有止步于此。他坚信未来将是个人电脑的时代，在和 IBM 公司交涉之后，他们成功签订了可以将 DOS 系统提供给其他公司的合同。

就这样，微软公司开始迅速发展壮大，随后又开发出了 Windows 系统，而个人电脑也因此在办公室和家庭中得到了迅速普及。

2015 年 4 月，在微软公司创立 40 周年纪念日的前一天，盖茨给所有员工发了一封电子邮件。

"在公司刚刚创立的时候，我和保罗·艾伦定下的目标是'让每张办公桌、每户家庭都拥有一台电脑'。这是一个在当时看来极其大胆的想法，很多人都觉得我们是疯了才会提出这种目标。

"回想计算机技术自那时起的发展，真是叫人不得不惊讶。而对于微软公司在这场革命中所扮演的角色，我们备感骄傲和自豪。"

一个在当时看来十分荒唐可笑的口号，在 40 年后，却成为发达国家里极其普通的场景。只是，如果微软公司当时没有打出这个口号的话，这个梦想的实现恐怕就要晚一点了吧。

用口号表达理念

大家也可以将自己所在团体的"理念"总结成一句口号。

位于北海道旭川市的旭山动物园一直以来坚持"展示形态"（展示动物的姿态），但自从他们打出"展示行动"（展示动物本来的行为动作和生态习性）的口号之后就开创了一种全新的动物园模式。

星巴克咖啡打出的口号则是"提供你的'第三空间'"，意为营造一个位于你的家（第一空间）和公司、学校（第二空间）之间的环境，并借此开创了全新的咖啡连锁店经营模式。

野村克也在担任养乐多队总教练的时候就打出了"ID 棒球"的口号，凭借"不依赖经验和直觉，而是通过数据科学进攻"的理念，开创了全新的棒球进攻模式。

　　作为奥运会比赛项目的柔道，目前在全球共有 300 多万名练习者。

　　柔术原本是有很多流派的，而将其以"柔道"的名义系统化并普及开来的是被称为柔道之父的嘉纳治五郎。嘉纳治五郎 1860 年出生于兵库县神户市，小时候因为体弱多病，为了强身健体学习了很多流派的柔术。他融合多个流派的长处，加入自己的创意，最终建立了名为"以柔克刚"的技术体系，并于 1882 年创立讲道馆柔道。

　　嘉纳治五郎用"精力善用"和"自他共荣"概括并表达了柔道的理念。所谓"精力善用"，是指"自己身心所拥有的力量要用到对社会有益的地方上去"。而"自他共荣"则是指"尊敬对手，创造一个自己和他人都能够不断成长的世界"。

　　柔道之所以能在日本乃至全世界广泛传播，正是因为有了这句表达理念的口号。

因为过激的口号而形势逆转

当双方意见相左，而你又处于极度劣势的情况下时，一句过激的口号有时是可以扭转民意的。

有一个事件可以说是最佳案例。那就是在位于美国密歇根州特洛伊市的某个公共图书馆即将遭到废除的时候，为了挽救该图书馆，人们打出的"焚书派对"（Book Burning Party）的宣传口号。

事件的开端源于当地政府的财政困难，于是政府计划关闭拥有悠久历史的美丽的图书馆。想留下图书馆的话，市民就需要多缴纳 0.7% 的税。政府最后决定就图书馆留存问题举行市民投票。

对此，一个名为"茶党"（Tea Party）的保守派势力十分愤怒，打出了"反对增税"的口号并大肆宣传。不知不觉间，众人的关注焦点已经从要不要关闭图书馆变成了要不要增税。也正因为如此，反对增税派（关闭图书馆派）当时是有绝对优势的。

而对于保留图书馆派来说，当务之急便是尽一切努力让讨论的焦点从是否要增税回到是否关闭这个历史悠久的图书馆上来。于是，他们想出了一条计策。他们假装自己是过激的关闭图书馆派，在街头各处立起了"8月2日，请投票关闭图书馆"的标牌。然后在下面又写上了一条"焚书派对将于8月5日召开"的虚假活动通知。也就是说，他们伪装成关闭图书馆派，打出了"快废除图书馆，把里面的书都烧了吧"这样一句过激的口号。

另外，这些人还在 Facebook 等社交网络上公布了他们烧书的准备工作。看到这些宣传的市民们非常震惊，没想到他们竟然要做出烧书这件事，继而重新思考要不要真的关闭图书馆这个问题。

就这样，人们开始在网络上和生活中对这个问题进行了热烈的讨论。图书馆究竟给我们带来了什么好处？我们应该烧书吗？到最后，不仅在网络上，市议会也开始对此事进行讨论，报纸和各大媒体都竞相报道事件进展。这件事从一个当地新闻变成了全国新闻，甚至扩散到了全世界。

就在人们讨论得热火朝天的时候，保留图书馆派出面解释了这场活动的真正目的。

他们表示："支持关闭图书馆就等于支持焚书。"

这句话随即在网络上传播开来，成为又一条新闻。保留图书馆派成功地将讨论的焦点从"要不要增税"转移到了"要不要关闭历史悠久的图书馆"上来。

在市民投票结束后，保留图书馆派大获全胜。只花了一点点活动宣传经费，却为他们赢得了比原计划多3倍的支持票。

正是因为他们打出了"焚书派对"这个口号，才能成功扭转民意。如果他们当初的口号仅仅是"反对关闭图书馆"的话，怕是不会引发如此大规模的讨论的。他们故意打出与自己意见相反的过激口号，成功赢得了民众的支持。

可以说这是在了解人类感情机制的基础上，优秀的"口号力"所带来的胜利。

反复使用俗语作为自己的口号

即便有些话不是你想出来的，也可以成为你的口号。比如有名的俗语或者格言等，只要反复强调，就会打上属于你的烙印，成为你的口号。

AKB48 的前成员，身为"初代总监督"的高桥南就曾在每一次 AKB48 的选拔总选举中强调这样一句话："努力必有回报。我会用自己的人生去证明这一点。"

渐渐地，"努力必有回报"这句话就成了高桥南的代名词。这句话本身并不是她独创的，而是早在很久以前就总会被人提起的一句俗语。而且，高桥南自己也是更强调后面那句"我会用自己的人生去证明这一点"。在现实生活中，很多时候努力是得不到回报的。正因为如此，高桥南才希望用自己的人生、自己的努力向人们证明"努力必有回报"吧。

2015 年 6 月，她在自己的最后一次总选举演说中留下了这样一段话。

我每年参选的时候都会说'努力必有回报。我
会用自己的人生去证明这一点'。我自己心里
也很清楚,'努力不一定真的都有回报'。但我
还是希望所有努力的人都能得到回报。大家都
会有目标,都有自己的梦想,没有人知道自己
的努力什么时候才能有回报,自己什么时候才
能得到大家的肯定。所有人都要走在这条不知
道会通向何方的路上。虽然很辛苦,但我不希
望大家觉得自己是孤独无依的。因为你的粉丝
一定在关注着你。这是我在AKB奋斗了这么
多年来,最有信心的一句话。……今年也好,
我毕业了也好,我都会一直这么说。……'努
力必有回报',今后,我也会用自己的人生去证
明这一点,谢谢大家。

先是否定自己的代表性竞选口号,最后再次表示肯定。这
是一段使用了"V 字回复"法的著名演说。

打出一个短期口号

当你有个远大梦想的时候,提出一个口号是很重要的。

只是，这样远大的梦想并不是花个几年时间就能轻松实现的。

所以，面对公司员工等内部人士，你还需要提出一个短期的经营方针或目标。

一般来说，大多数公司都会制定年度目标，但是以 Ameba Blog[1] 而广为人知的网络公司 CyberAgent 则是每半年就会向公司内部宣布一个口号。

下面是这几年来 CyberAgent 的内部口号。每一个都简短有力，朗朗上口。

- 狂热　　　　　　（2013年下半年）
- 三倍速　　　　　（2014年上半年）
- 暴增　　　　　　（2014年下半年）
- 在黑暗中跳跃　　（205年上半年）
- 新生　　　　　　（2015年下半年）
- 下一个阶段　　　（2016年上半年）
- 低调　　　　　　（2016年下半年）

1　Ameba Blog：由 CyberAgent 运营的网络博客。是日本排名第一的博客网站。

运气好的话，这些口号一经发布，就会迅速渗透到员工之中，成为公司内部的流行语。从结果来说，也会直接推动业绩的增长。但好像也有些年份的口号比较失败，最后并没有深入人心。

公司董事长藤田晋在自己的博客中表示，这些口号都是他自己想出来的。在选择口号的时候，他最看重的是"顺应时代潮流"和"出乎意料"这两点。

2016 年下半年的口号"低调"是藤田晋在公司里走动的时候，正好遇到一名员工在对客户口出恶言。见此情景，藤田晋突然发现："这样下去可不行，要让公司里这些浮躁的人都沉淀下来。"

像 CyberAgent 一样，如果能把短期目标用简短有力的口号表达出来的话，就能够提高公司业绩。重要的是，这些口号都得是公司员工想挂在嘴边的句子。很多公司的年度目标或口号往往都是简单的数字，或是抽象至极的文字，根本无法深入人心，也就不可能带来预期效果了。

怎样提出一个深入人心的口号

那么，怎样才能提出这样一个一呼百应、深入人心的口号呢？首先你需要掌握下面三条基本原则。

①语言要简洁易懂，容易记住

一个口号，最重要的就是能够让人记住。

因此，必须使用简洁易懂的词语。

越是使用复杂的词语，口号就越空洞。

②要有点新发现或新理念

如果是大家耳熟能详的句子，是无法打动人心的。

你的口号里需要有一些新的发现。

另外，只有这个公司或团体才会有的"理念"也十分重要。

如果谁都能把这句话当口号的话，这个口号就没意义了。

③让这句口号成为指南针

指南针是为船只航行指引方向的。

如果一句口号能发挥指南针的作用，那是最理想不过的了。

当成员犹豫迷茫的时候，这句口号需要告诉他们"你们应该朝着这里前进"。试试看你能不能做到吧。

当然了，想把这几条都浓缩在短短一句话之中也确实不简单。

只是，如果考虑到这些要素，那么你就更有可能创造一句打动人心的口号。

因为语言的力量重返冠军宝座

有时候，一句口号还能改变一个人的人生。

在前文中我们提到了拳击界的传奇运动员——穆罕默德·阿里。他那"蝴蝶般的步伐，蜜蜂般的刺拳"留下了一个又一个传说。

而阿里的传奇人生并未就此停止。

阿里在赢得重量级冠军的 1967 年，因为反对越南战争，拒绝服兵役，他的冠军称号被剥夺，拳击执照也被吊销。

在三年零七个月的空白期之后，阿里再次冲击冠军宝座，然而，他的状态却一直无法重现昔日辉煌。1973 年，在他重返拳台数年之后，却在肯·诺顿的手上第二次尝到了人生中失败的滋味。

当时，粉丝在给他寄去的信中写了下面这句话。

 蝴蝶失去了翅膀，蜜蜂失去了尖刺。

阿里把这封信贴在运动馆的墙上，每天提醒自己。

"我要再次拿回自己的翅膀和尖刺。"带着这样的念头，他开始了艰苦的训练。

到了 1974 年 10 月，WBA·WBC 世界重量级拳王争霸赛在萨伊共和国（今刚果民主共和国）的首都金沙萨举行。

阿里以八轮 KO 的成绩击败了当时被称为最强王者的乔治·福尔曼，时隔七年零七个月重返冠军宝座。这场比赛也被称为"金沙萨的奇迹"。

可以说正是因为有"蝴蝶般的步伐，蜜蜂般的刺拳"这句指引人生方向的口号，正是因为有了那封践踏尊严的书信，阿里才能重新摘得桂冠。

语言的力量真是不可小觑。

第七章　　**总　结**

1

所谓"口号力"，是指"为了给人留下深刻印象，能够用简短的句子和标语概括作为自己的理念、主义或主张"的能力。

2

一句口号有时可以改变历史，如"Remember Pearl Harbor"（不忘珍珠港）。

3

想实现梦想，可以先用一句话去描述你的梦想。

4

能够打动人心的口号需要遵循下面的原则：用词简洁易懂，容易记住；要有新发现或新理念；要能够成为人生的指南针。

5

一句指引人生方向的口号有时可以改变你的人生。语言的力量不可小觑。

后 记

感谢大家阅读这本《一言力》。

本书书名来自责任编辑小木田顺子女士的"一句话":"干脆就叫'一言力'吧。"

原本在策划书上拟定的名字是"一行力"。但是在第一次开碰头会的时候,我向小木田女士详细介绍了《古事记》中出现的"一言主大神"以及他的能力之强大。听完我的介绍之后,小木田女士就提出了"一言力"这个名字。我听了也觉得十分恰当。

我之所以会结识小木田女士,是因为幻冬社营业部市川真正先生的"一句话":"那我来为你介绍本公司新书部门的主编吧。"2015 年 12 月份，我参加明屋书店（总公司位于松山市）在北九州市举办的会议，在会议上和市川先生交换了名片。当时我说："我想写本书，交给幻冬舍新书部门出版。"听了这句话，市川先生马上表示可以为我介绍新书部门的主编。

市川先生之所以会来与我交换名片，是因为明屋书店董事庄岛勇人在此前致辞中的"一句话"。在致辞中，庄岛先生斩钉截铁地说："川上彻也老师的《一句话让你业绩飘红》在我们连锁店里能卖到 2000 册。"听了这句话，市川先生便对我十分有兴趣。

而说到我为什么会参加这次会议，是因为明屋书店董事长小岛俊一先生的"一句话"，他邀请我参加这次会议，说："请您一定要在本公司北九州地区的全店长会议上再为我们讲一次《傻瓜式销售》。"

就这样，通过这一句句话串联起来的好运气，才会有《一言力》这本书的出现。还有很多人在这个过程中给我提供了无私的帮助，在此虽无法一一点名，却依然要向他们表示衷心的感谢。

谢谢大家的支持。

致那些通过这本书掌握"一言力"的人：

希望大家能够用"一言"的力量招来好运气，开创属于自己的商界传奇和人生故事。

如果这本书能够成为大家踏上成功之路的契机，便是最让我开心的了。

我也很期待，在未来的某一天能够和各位擦出幸运的火花。

供奉着"一言主大神"的"葛城一言主神社"（奈良县御所市）是我非常喜欢的一座神社。我自己总是擅自称呼他为"口号之神"，从好几年前开始就坚持每年至少参拜一次。对我来说，能借用他老人家的名字出一本书，真是万分荣幸。在本书出版之后，我打算去奈良县向他老人家问候一声。

无论是好事还是坏事，均一言以蔽之的"一言主大神"又会对我降下什么神谕呢？

他会说"销量长红"吗？还是……

想想就觉得激动呢。

不过，说是神谕，其实也只是我自己在心里想象一下而已啦（笑）。

川上彻也

2016 年 10 月

图书在版编目（CIP）数据

一言力 /（日）川上彻也著；王雨奇译 . -- 北京：
北京联合出版公司 , 2017.6
ISBN 978-7-5596-0448-4

Ⅰ . ①—… Ⅱ . ①川… ②王… Ⅲ . ①语言艺术 – 通
俗读物 Ⅳ . ① H019–49

中国版本图书馆 CIP 数据核字 (2017) 第 094719 号

著作权合同登记 图字：01-2017-3432 号

HITOKOTORYOKU

Copyright © 2016 by Kawakami Tetsuya

Original Japanese edition published by Gentosha, Inc., Tokyo, Japan
Simplified Chinese edition is published by Beijing Zito Books Co., Ltd.
through Discover 21 Inc., Tokyo.

一言力

项目策划　紫图图书 ZITO®

监　制　黄利　万夏

作　者　[日]川上彻也

译　者　王雨奇

责任编辑　张萌

特约编辑　张耀强　叶林轩

版权支持　王福娇

装帧设计　紫图图书 ZITO®

北京联合出版公司出版
（北京市西城区德外大街 83 号楼 9 层　100088）
北京中印联印务有限公司印刷　新华书店经销
140 千字　880 毫米 × 1230 毫米　1/32　7.5 印张
2017 年 6 月第 1 版　2017 年 6 月第 1 次印刷
ISBN 978-7-5596-0448-4
定价：45.00 元

未经许可，不得以任何方式复制或抄袭本书部分或全部内容
版权所有，侵权必究
本书若有质量问题，请与本公司图书销售中心联系调换
纠错热线：010-64360026-103